넷플릭스,
한국 드라마
시장을 바꾸다

일러두기

1. 이 책에 실린 인터뷰 대부분은 저자가 2020년 9월 18일부터 10월 22일까지 넷플릭스 드라마 제작 관계자 18명을 대상으로 대면 또는 이메일을 통해 진행한 것입니다. 인터뷰 내용을 인용할 때에는 인터뷰 대상자의 익명성 보장을 위해 이름 대신 AA, AB 등으로 표기했습니다.

2. 「2020 방송 프로그램 외주제작 거래 실태 보고서」(한국콘텐츠진흥원)에 실린 5개 드라마 제작사와의 인터뷰(2020년 11월 12~18일 실시됨)를 인용할 경우에는 인터뷰 내용은 보고서와 동일하게 옮기고, 해당 제작사는 드라마 A 제작사, 드라마 B 제작사 등으로 표기했습니다.

유건식 지음

넷플릭스

How Netflix transformed the Korean drama market

한국 드라마
시장을 바꾸다

한울
아카데미

차 례

표

그림

넷플릭스와의 운명적인 만남

넷플릭스퍼트의 등장

정길화 _한국국제문화교류진흥원장, 전 MBC 중남미지사장 겸 특파원

목하 넷플릭스 한국 오리지널 시리즈 〈오징어 게임〉이 한국은 물론이고 전 지구적으로 화제다. 이 글을 쓰려는 순간 〈오징어 게임〉이 넷플릭스가 서비스되는 세계 83개국에서 1위를 차지했다는 소식이 들려온다. 한두 나라가 빠져 '83개국 동시 1위'는 아니지만 최고점 829점으로(83개국 모두 1위일 때 만점 830점), 전무후무한 기록을 달성했다.

그동안 영화나 드라마의 흥행을 얘기할 때 관객 수와 매출 또는 시청률과 광고 수익 등으로 계산하는 것이 일반적이었다. 그런데 철저한 사전제작, 전 세계 동시개봉과 같은 방식으로 콘텐츠를 스트리밍하는 OTT 플랫폼인 넷플릭스의 출현으로 이제 영화와 드라마의 흥행 상황은 손바닥을 들여다보는 것처럼 실시간으로 알 수 있게 되었다.

한드(한국 드라마)가 전 세계 시청자들의 마음을 사로잡아 마침내 세계 1위가 되는 일을 유사 이래 감히 그 누가 상상이나 했을 것인가. 실로 단군 이래의 '사건'이라고 할 만하다. 이제 미디어 정경Mediascape은 '넷플릭스 콘텐츠가 제공하는 흥미로움'을 향유하고(넥플릭사이팅Netflixciting), '넷

플릭스가 콘텐츠 시장과 플랫폼 시장에 영향을 미치는 과학과 시스템'
(넷플릭소노믹스Netflixonomics)을 연구하는 단계에 이르렀다.

바야흐로 미디어와 콘텐츠계의 환경은 넷플릭스 이전과 이후로 나뉠
정도로 경천동지의 상황이다. 한정된 광고를 수익 모델로 삼던 미디어
시장에서 콘텐츠가 중심인 구독경제 모델로 변화했다. 레거시 미디어가
누리던 기존 시장의 편성·제작·유통·소비 단계가 근본적으로 바뀌고
있다. 한마디로 넷플릭스는 방송영상 미디어 환경에 혁명적 변화를 일
으키는 '게임 체인저'다. 가히 넷플릭스체인지Netflixchange다.

과연 넷플릭스로 인한 미디어 생태계의 변혁과 충격은 어떠한가. 흔
히 잘 모르는, 새로운, 낯선 존재의 등장은 대체로 두려움과 의심의 대
상이 된다. 혹여 넷플릭스는 19세기 말 한반도 연안에 출몰했던 이양선
(異樣船)과 같은 것인가. 적어도 그런 염려는 기우라고 생각한다. 이미
현업에서는 넷플릭스의 투자를 받아 다수의 화제작을 만들고 있으며,
학계에서는 유수한 필자들의 다양한 연구·분석서가 나오고 있다.

그중에서도 유건식 소장이 상재하는 일련의 저작물들은 현장과 경험
에 기초하므로 목표의식이 분명하다. 그는 2007년 KBS의 드라마 BM
Business Manager 1호로 선발되어 드라마 기획과 제작 시스템에 대한 경험
을 쌓고, 이를 토대로 연구와 저술에 임하고 있다. 드라마 〈굿닥터〉를
미국 ABC 방송에서 리메이크한 것은 그의 끈질긴 노력과 성실한 네트
워킹 덕분에 가능한 일이었다.

저자가 넷플릭스 연구에 천착하는 저간의 과정도 특기할 만하다. 그
가 넷플릭스를 처음 알게 된 것은 2011년 미국 연수 시절이다. UCLA
익스텐션 수업을 위해 매주 영화 두 편을 봐야 했던 당시, 그는 아직은
'DVD 대여 서비스업체'이던 넷플릭스를 통해 빨간 봉투에 담긴 DVD를

우편으로 배달받았다고 한다. 지금의 글로벌 넷플릭스를 생각하면 격세지감이 있다.

이후 2015년 KBS 아메리카 사장으로 부임해서는 콘텐츠 비즈니스를 위해 넷플릭스를 만났다. 이때 넷플릭스는 오리지널 콘텐츠 〈하우스 오브 카드House of cards〉의 성공 이후 한참 주가가 오르던 시절이다. 중남미에서 MBC 지사장으로 비슷한 경험을 했던 필자로서는 그 모습이 어떠했을지 그림이 눈앞에 선하다. 여하간 유저user에서 비즈니스 카운터 파트로, 그리고 연구자로 ……. 이런 경험을 쌓아 넷플릭스 관련 서적을 내놓은 저자는 국내에 흔치 않을 것이다.

이러한 궤적을 넷플릭스 연대기와 비교하면 묘한 평행이론이 적용될 법도 하다. 주지하다시피 넷플릭스는 1997년 마크 랜돌프Marc Randolf와 리드 헤이스팅스Reed Hastings가 DVD 대여 서비스 업체로 창업했다. 이후 1999년에 구독자 모델을 도입했고, 2007년부터 온라인 스트리밍 서비스를 시작했다. 새로운 사업 영역을 찾아낸 것이다. 지금에 와서 보면 빛나는 한 수였다. 2007년은 바로 저자가 KBS에서 드라마 BM이 된 해다.

저자가 미국 현지에서 DVD 고객으로서, 넷플릭스를 처음 접한 2011년 바로 1년 전에는 넷플릭스의 선행 주자였던 대여업체의 골리앗 '블록버스터'가 파산했다. 그러지 않았다면 '연수생 유건식'은 넷플릭스가 아닌 블록버스터에서 DVD를 대여했을지도 모를 일이다. 또 KBS 아메리카 사장으로 부임한 1년 뒤인 2016년에는 넷플릭스가 한국을 포함한 전 세계 130개 국가에 서비스를 개시했다. 이렇게 저자는 넷플릭스의 성장사와 앞서거니 뒤서거니 하면서 넷플릭스와 수시로 조우하고 있다.

현업의 와중에서도 부단히 연구하고 기록하는 그는 『미드와 한드, 무엇이 다른가』(2013), 『굿닥터 미국 리메이크의 도전과 성공』(2018) 등을 출판한 바 있다. 지금은 넷플릭스 관련 저·역서에 집중하고 있는 것으로 보인다. 즉 『넷플릭소노믹스』(2019)를 저술하고, 이어서 『넷플릭스 효과: 21세기 기술과 엔터테인먼트』(2020)를 번역해 상재했다. 이번 『넷플릭스, 한국 드라마 시장을 바꾸다』(2021)는 넷플릭스에 대한 저자의 세 번째 출판물이 된다.

이번 책에서는 '넷플릭스가 국내 드라마 제작 산업에 미친 영향' 연구를 확장하면서 한국 드라마 산업의 발전에 기여해 보겠다는 저자의 확고한 지향점에 집중하고 있다. 특히 국내 넷플릭스 오리지널 드라마와 구매 드라마를 제작한 18명을 심층 인터뷰한 내용은 흥미진진한 가운데 현장감 넘치는 이 책의 독보적인 내용으로 생각된다. 이로써 넷플릭스가 한국 드라마 시장을 어떻게 변화시키고 있는지 생생하게 파악할 수 있다.

나아가 한류의 주축인 한국 드라마 제작 시스템에 대한 개선 방안을 모색하고 넷플릭스의 공세를 극복하자는 충정 어린 제안이 이어지고 있다. 넷플릭스는 한국 드라마에 기회인가 위기인가. 이에 대한 실천적인 답변이 모색되고 있는 것이다. 특히 드라마의 글로벌 경쟁력 강화를 위해 규제 완화, 제작 지원, 제작의 표준화 등을 당국에 요청하는 대목은 경청할 일이다.

개인적으로 유 소장과는, 10년 전 필자가 MBC 중남미지사장으로 재직할 때 미국 'LA 스크리닝'에 참가했다가 현장에서 만난 적이 있다. 이때 그의 겸손함과 성실성에 깊은 인상을 받았다. 이후 그는 현업과 연구에서 많은 성과를 이루었고, 이제 『넷플릭스, 한국 드라마 시장을 바꾸다』를 상재하기에 이르렀다. 그가 쓴 넷플릭스 관련 세 번째 책은 사계에 '넷플릭스퍼트Netflixpert', 즉 진정한 '넷플릭스 전문가'가 출현했음을 알려주고 있다.

현장의 목소리를 생생히 담은

넷플릭스 심층 분석서

하주용 _인하대학교 교수, 제33대 한국방송학회장

 최근 국내 방송 산업은 위기를 맞고 있다. 기존 우리나라 방송 산업의 가치사슬이 제작-편성-전송-소비의 단조로운 구조라고 한다면, 최근에 넷플릭스로 대표되는 스트리밍 비디오 서비스가 등장하면서 콘텐츠 제작·유통·소비 구조에 커다란 변화가 나타나고 있기 때문이다. 이런 위기에 맞서 학계와 업계에서는 다양한 진단과 처방을 제시했지만, 위기는 멈추지 않고 현재진행형이다.

 국내 방송 산업에서 나타나고 있는 이러한 변화를 19세기 중반 영국에서 증기자동차가 처음 등장했던 시절에 비유하기도 한다. 오늘날 기존의 방송 산업 질서를 흩뜨리는 OTT 서비스의 등장이 일으킨 충격이 과거 마차가 주요한 교통수단이었던 시대에 '엔진을 실은 마차'가 등장하면서 마차업계에 초래한 혼란만큼 크다는 점을 강조하기 위해서다. 실제로 글로벌 스트리밍 서비스인 넷플릭스의 등장이 국내 방송 산업에 미치는 영향은 크다. 저자가 역설한 대로, 보이는 변화보다 보이지 않는 빙산 아래의 변화에 미치는 영향이 크다.

최근까지 많은 저서가 넷플릭스라는 증기자동차의 등장이 야기한 충격과 방송 산업 생태계의 변화를 설명하고 예측하려 했다. 기존의 저서들이 때로는 논리적 추론으로, 때로는 글로벌 컨설팅회사의 자료를 이용해서 그러한 변화를 예측했다면, 이 책은 넷플릭스라는 자동차의 내부 설계도와 작동 원리를 파헤친 책이다.

　이 책에서 저자는 넷플릭스의 작동 원리에 대해 질문하고, 그에 대한 답을 하나씩 찾아간다.

　"넷플릭스는 국내에 얼마나 깊이 들어와 있나?", "넷플릭스가 한국 드라마 시장에서 어떠한 사업을 하나?", "넷플릭스는 국내에서 어떻게 드라마를 확보하나?", "넷플릭스는 드라마의 저작권을 어떻게 배분하나?", "넷플릭스 드라마와 국내 드라마 제작의 차별점은 무엇인가?", "넷플릭스가 한국 드라마 시장을 어떻게 변화시키고 있나?", "우리는 어떻게 해야 하나?" 모두 저자가 제기하고 답하려 한 질문들이다.

　이 책에서 저자가 제시한 질문과 답은 학자들이나 방송업계 종사자들이 늘 궁금해했던 것들이다. 그런 질문들에 대한 답을 한 줄, 한 줄 읽어가는 재미가 쏠쏠하다. 특히 질문이 구체적인 만큼 답도 구체적이다. 질문에 대한 답은 상상이나 추론에 의한 것이 아니라 구체적인 자료와 지표, 그리고 현장의 경험들에 기반을 둔 것이다. 그래서 설명에 힘이 있고 주장에 고개가 끄떡여진다.

　이 책을 읽기 시작한 독자들은 아마 멈추기가 어려울 것이다. 실용서이면서 체계적인 연구를 통한 학술서로, 그 내용이 알차기 때문이다. 저자는 이 책에 프로그램의 제작자로서, 프로그램 유통 사업을 담당했던 KBS 아메리카 대표로서의 현업 경험과 언론학 박사로서의 학문적 연륜을 잘 조화시켰다. 방송 프로그램을 제작하고 유통해 본 저자의 경험이 넷플릭스라는 새로운 서비스를 분석적으로 해부하는 토양을 제공했다면, 학자로서 그리고 저술가로서의 경륜은 제작 현장의 목소리를 체계적으로 요약하고 정리할 수 있는 예리함을 제공했다.

물론 일부 아쉬운 점도 있다. 특히 일부 자료나 사례가 반복되는 점이 그렇다. 그러나 이는 독자의 이해를 돕기 위해 구체적 예시를 들고자 한 저자의 배려 때문으로 보인다. 또 하나 아쉬운 점은 제작자 인터뷰 내용을 직접 인용하여 제시한 것이다. 직접인용은 생생한 현장의 목소리를 전할 수 있는 장점이 있지만, 학술 논문에 적합한 형식이다. 이 책이 학술 논문집이 아닌 저서인 점을 고려할 때 본문에 녹여 제시했다면 더 가독성을 높였을 것이다. 그러나 이 역시 저자가 원전과 인용의 출처에 충실하도록 훈련받은 학자이기 때문일 것이다.

이 책은 저자가 최근 연이어 집필한 넷플릭스 분석서의 심층판으로 볼 수 있다. 이 책에서 저자가 찾아낸 자료들은 많은 연구자들뿐만 아니라 콘텐츠의 제작·유통·소비에 관여하는 방송 산업 종사자들에게 유익한 정보로 가득 차 있다. 새로운 미디어가 시장에 출현하고 산업구조 내에서 자리 잡는 과정에는 늘 혼란이 있다. 그러나 동시에 혼란을 극복하고 나면 새로운 기회도 생긴다. 이 책이 넷플릭스가 가져온 혼돈을 제대로 이해하고 극복하는 데 작은 나침반 같은 역할을 하리라 믿는다.

프롤로그

모든 작업이나 공동체는 전통적으로 인간의 노동력과 전문 지식, 관리 능력에 의지하는 공간 안에서 누군가 혁신이나 새로운 발명을 이끌어낼 때 쉽게 무너지거나 사라질 수 있다(기엔, 2020: 240).

〈오징어 게임〉의 인기가 엄청나다. 이 드라마는 넷플릭스가 한국에서 만든 오리지널로 2021년 9월 17일 공개되었다. 온라인 사이트에서 서비스되는 영상의 인기를 평가하는 플릭스패트롤flixpatrol.com에서는 9월 9월 23일부터 원고를 인쇄소에 넘긴 10월 27일까지 34일째 1위를 유지하여 역대 2위를 기록하고 있다. 현재까지 가장 최장 1위를 한 드라마는 46일 연속 1위를 기록한 〈퀸스 갬빗The Queen's Gambit〉이다. 〈오징어 게임〉이 이 기록을 깰 가능성이 매우 높다. 지미 팰런Jimmy Fallon이 진행하는 NBC의 〈투나잇 쇼The Tonight Show〉에도 출연진이 화상으로 출연했다. 거의 세계의 모든 언론에서 〈오징어 게임〉의 인기를 대서특필하고 있다. 심지어 미국의 잡지 ≪버라이어티Variety≫에서는 2022년 프라임타임 에미상까지 거론할 정도다.

〈오징어 게임〉을 비롯해 〈킹덤〉, 〈스위트홈〉, 〈인간수업〉 등을 만든 넷플릭스는 한국 드라마 시장을 확 바꾸고 있다. 이 책은 이에 대한 연구 기록이다.

1997년 창립한 넷플릭스는 2020년 말에 전 세계 유료 가입자가 2억 명을 넘어섰고, 2021년에도 코로나19 팬데믹이 지속되면서 9월 말에 2억 1356만 명으로 증가했다. 넷플릭스는 국내에 2016년 진출했지만 현재 국내에서 가장 많은 이용자를 확보하고 있다. KBS, MBC, SBS가 출범시킨 웨이브Wavve(이전의 푹Pooq)이나 CJ ENM과 JTBC가 제휴하여 만든 티빙tving보다 2배 이상 많을 정도로 급성장했다.

넷플릭스 성장의 한 축을 담당하는 것이 한국의 콘텐츠라고 볼 수 있다. 그중에서도 한국의 드라마가 넷플릭스의 전 세계적인 성장에 크게 기여한 것은 분명한 사실로 보인다. 넷플릭스가 한국에서 오리지널 제작을 확대하고, 조직을 키우고, 투자를 확대하는 것은 그만큼 성과가 크다는 반증일 것이다.

넷플릭스는 국내 진출 이후 2020년까지 7700억 원을 투자했고, 2021년에도 5500억 원을 투자하여 콘텐츠 제작을 강화하려 하고 있다. 이에 따라 국내 제작사가 넷플릭스의 하청 기지로 전락한다는 말까지 나오고 있다. 이러한 환경에서 넷플릭스가 한국의 드라마 시장에 어떠한 영향을 끼쳤는지 궁금해졌다.

디즈니는 디즈니+의 국내 제휴업체를 모색하다가 LG 유플러스를 낙점하여 2021년 11월 12일 론칭한다고 발표했다. 이 시점에서 한국 드라마 시장을 바꾸고 있는 넷플릭스를 깊숙이 들여다보고 한국 드라마가 나가야 할 방향을 모색해야겠다는 일종의 사명감이 생겼다. 이제 글로벌 OTTOver The Top들이 국내에 진출하기 시작하면 국내 드라마 시장은 사활을 건 싸움을 해야 할 것이기 때문이다.

넷플릭스를 알게 된 것은 2011년 미국 UCLA 익스텐션Extension에서 '프로듀싱'과 '엔터테인먼트 비즈니스 관리' 과정을 수강할 때였다.

'영화 장르 이해Understanding Genre'와 '스토리 개발 워크숍Story Development Workshop' 수업에서 일주일에 두 편의 영화를 봐야 하는 것이 숙제였다. 학교 도서관이나 LA 시립 도서관에서는 원하는 영화가 거의 없었고, 설혹 있다고 해도 다수가 이용해서 그런지 DVD 표면의 스크래치 때문에 원활히 시청할 수가 없었다. 그래서 수업 시간에 소개해 준 넷플릭스를 주로 이용할 수밖에 없었다. 당시는 우편을 통해 빨간 봉투에 담겨 배달된 DVD를 이용했다.

LA에서의 1년 남짓의 생활을 끝내고 2012년 회사에 복귀하면서 넷플릭스는 잠시 뇌리에서 잊혔다. 다시 2015년 KBS 아메리카 사장으로 부임하여 LA에 살면서 넷플릭스와의 인연이 이어졌다. KBS 아메리카에서 KBS 콘텐츠를 넷플릭스에 판매하기 위해 협의를 하면서 자연스럽게 넷플릭스도 이용하고 좀 더 많은 관심을 기울이게 되었다.

2018년 공영미디어연구소에 발령을 받은 이후 넷플릭스를 포함한 OTT[1]를 주된 연구 분야 중 하나로 삼았다. 이러한 경험과 관심이 있었기에 2018년 방송학회 저술지원에 "넷플릭스가 한국 방송미디어 시장에 미치는 영향"이라는 주제로 응모하여 지원작으로 선정된 『넷플릭소노믹스』(한울엠플러스, 2019)를 출간했고, 영광스럽게도 2019년 저술 부문 학술상까지 받았다. 2019년에는 뉴스통신진흥회 번역지원에 응모하여 지원작으로 선정된 번역서 『넷플릭스 효과Netflix Effect』(한울엠플러스, 2020)를 출간했다.

이 책은 2020년 말에 작성한 KBS 내부 보고서인 「넷플릭스가 국내

---

1) OTT란 기존의 통신 및 방송 사업자와 더불어 제3사업자들이 인터넷을 통해 드라마나 영화 등의 다양한 미디어 콘텐츠를 제공하는 서비스를 말한다(배병환, 2018: 46).

드라마 제작 산업에 미친 영향」 연구의 확장이라고 할 수 있다. 이 연구는 국내 제작사의 넷플릭스 쏠림 현상과 넷플릭스의 드라마 제작 방식을 살펴보고 국내 드라마의 제작 체계를 개선해 보자는 데 목적이 있었다. 국내 넷플릭스 오리지널 드라마와 구매 드라마를 제작한 18명을 인터뷰하여 정리했다. 심층 인터뷰는 대면 또는 이메일로 제작사 대표 6명, 작가 3명, 연출 3명, 프로듀서 4명, 방송사 CP 2명에 대해 2020년 9~10월에 실시했으며, 직접적인 답변의 일부를 익명으로 정리하여 활용했다. 이 책에서는 인터뷰 내용을 책에 맞도록 전면 재배열했음을 밝힌다.

이 연구가 사내뿐만 아니라 국내 드라마 산업 전반에도 도움이 될 것이라는 생각에 방송문화진흥회 저술지원에 응모했는데, 감사하게도 지원작에 선정되어 기존의 연구를 좀 더 체계적으로 정리를 할 수 있는 계기를 얻었다. 방송문화진흥회의 지원작으로 선정이 되면서 필자의 기존 연구 이외에 콘텐츠진흥원이 발간한 「2020 방송 프로그램 외주제작 거래 실태 보고서: 제작사 중심」의 심층 인터뷰와 노창희·이찬구·성지연·이수연의 「방송 프로그램 표준제작비 조사연구」(2018)의 심층 인터뷰 내용을 이 책에 활용하여 더욱 풍부한 현장의 목소리를 담았다. 이외에도 언론에 보도된 기사, 다수의 학술 논문 등을 참조했다. 그럼에도 부족한 부분은 별도의 인터뷰를 실시하면서 추가하고 보완했다.

이 책을 쓴 목적은 첫째, 드라마 제작 현장에 몸담았던 사람으로서 한국 드라마 산업의 발전에 조금이나마 기여하기 위함이다. 필자는 2007년 KBS 드라마 BM[Business Manager2)] 1호로 시작하여 2015년까지 약 8년간 KBS 드라마국에 근무했다. 처음에는 외주 드라마 계약부터 시작하여 〈성균관 스캔들〉(2010) 등의 프로듀싱, 〈학교 2013〉(2012) 제작, 드라마 기획안 개발, 간접광고 도입 위원회 위원, 외주제도 개선 위원회 위원 등의 활동을 했다. 이러한 경험을 토대로 넷플릭스가 국내 드라마 시장에 미친 영향을 연구하여 저서를 집필함으로써 미력하나마 한국 드라마 산업의 발전에 힘을 보태고자 한다.

둘째, 드라마 산업에 있어서 새로운 비즈니스 모델을 선보이고 있는 넷플릭스를 정확하게 이해하기 위함이다. 그동안 넷플릭스에 대한 연구는 넷플릭스 이용자의 만족과 지속적 사용 의도,[3] 넷플릭스의 비즈니스 모델,[4] 국내 콘텐츠 시장에 대한 넷플릭스의 영향,[5] 넷플릭스에 대한 정부와 업계의 대응[6] 등에 집중되고 있었지만 넷플릭스가 국내 드라마 제작 산업에 미치는 영향에 대한 구체적인 연구는 거의 없었다. 한국 드라마와 관련된 직접적인 연구로는 한국 드라마의 전망과 전략을 다룬 웨이징시(2018)와 김회재(2019)의 연구가 있으나 문헌연구로 한계가 있다. 따라서 이 책에서는 넷플릭스 제작자를 대상으로 하는 인터뷰를 통해 넷플릭스가 국내에 미친 영향을 깊이 이해하고자 했다.

셋째, 한류의 주축인 한국 드라마 제작 시스템의 개선 방안을 모색하기 위함이다. 넷플릭스는 기존 드라마 제작사와 다른 형태의 제작 방식

---

2) BM이란 Business Manager의 약자로 콘텐츠의 제작비용을 마련하고 제작된 콘텐츠를 통해 다양한 수익을 창출하는 것이 주된 일이다.
3) 오이권·조재희(2017), 한순상·유홍식·신동희(2017), 유지훈·박주연(2018), 최선영·고은지(2018), 남종훈(2019), 김희재·정정주(2020), 박희봉·이해수·한동섭(2020), 신선경·박주연(2020), 유남규·김성훈(2020), 정용국·장위(2020), 최혜선·김승인(2020) 등의 연구가 있다.
4) 김정환·김성철(2014), 정윤경(2014), 한정희·조옥주(2014), 김동욱(2017) 등이 있다.
5) 김세옥(2016), 이은주(2017), 김회재(2019), 민병준·고제경·송재용(2020) 등이 있다.
6) 한영주(2018), 문다영·김승인(2019) 등이 있다.

을 취하고 있다. 필자가 『미드와 한드 무엇이 다른가: 미국과 한국의 드라마 제작 환경』(한울엠플러스, 2013)에서 소개했듯이 두 나라의 드라마 제작 방식은 매우 다르다. 넷플릭스는 할리우드의 제작 방식을 국내에 적용하고 있다. 한국의 드라마가 2002년 〈겨울연가〉 이후부터 동남아 한류를 이끌고 있으나 여전히 제작 방식에서는 개선의 여지가 많다. 넷플릭스를 통해서 국내 드라마 제작 방식이 한 단계 더 성장하기를 바라는 마음이 간절하다.

넷째, 넷플릭스가 갖고 있는 단점을 개선하거나 극복하기 위함이다. 넷플릭스가 많은 장점을 갖고 있음에도 글로벌 기업의 횡포에 가까운 일도 만연하고 있다. 넷플릭스와 관련하여 제기되는 저작권 이슈나 망 중립성 이슈 등에 어떻게 대응할지 고민하고자 했다.

다섯째, 글로벌 OTT의 진출에 대한 제도적 대응안을 모색하기 위함이다. 2021년 11월에 디즈니+, 2022년에는 HBO 맥스Max와 애플TV+ 등이 진출할 예정이다. 이렇게 국내 드라마에 대한 글로벌 OTT의 수요가 급증하고 있는 상황에서 국내 드라마 제작자의 대응과 이를 위한 제도적 장치를 모색하고자 했다.

이 책은 크게 4개 장으로 이루어졌다. 제1장은 글로벌 넷플릭스 vs 한국 넷플릭스, 제2장은 넷플릭스의 국내 드라마 제작 현황, 제3장은 넷플릭스가 일으킨 국내 드라마 시장의 변화, 제4장은 한국 드라마의 지속 가능한 성장을 위한 제언을 내용으로 한다.

제1장에서는 우선 넷플릭스는 어떤 회사인가를 소개한다. 연혁, 구독 모델, 글로벌 확산 전략, 유료 가입자, 매출과 순이익 등에 대해 최신의 자료까지 정리했다. 다음으로 넷플릭스가 국내에 얼마나 깊이 들어와 있는지 소개한다. 국내에 진출한 연혁, 유료 가입자, 순 이용자, 재무 현

황, 한국 이용자의 만족도 등을 알 수 있다.

제2장은 넷플릭스가 한국 드라마 시장에서 어떻게 드라마를 제작하는지에 대한 내용이다. 넷플릭스가 국내에서 얼마나 많은 드라마를 유통하고, 어떤 오리지널을 제작하며, 드라마 제작을 확대하는 이유, 국내에서 드라마를 확보하는 방법, 채택하는 스토리, 저작권을 배분하는 방법, 제작하는 드라마의 퀄리티 등을 정리했다.

제3장에서는 넷플릭스가 한국 드라마 시장을 어떻게 변화시키고 있는지에 대한 내용을 다룬다. 넷플릭스가 변화시킨 한국 드라마 시장의 변화 내용, 넷플릭스 제작 드라마의 장단점, 이에 따른 한국 드라마의 변화 방향을 전망한다.

제4장에서는 한국 드라마의 지속가능한 성장을 위한 제언으로, 넷플릭스 드라마와 국내 드라마 제작의 차별점을 정리하고 제작사와 정부의 대응방안을 제언한다.

넷플릭스가 한국 드라마 시장을 바꾸고 있는 것은 분명한 사실이다. 동전의 양면처럼 어떤 일이든 양지가 있다면 음지도 있기 마련이다. 넷플릭스도 한국에 진출하여 한편으로는 매우 긍정적인 영향을 미치고 있고, 한편으로는 부정적인 영향을 미치는 면도 있다. 이성민 교수는 OTT가 바꾸는 영상 콘텐츠 산업이 미디어 지형Media Scape을 확장하고, 가치사슬을 재편하며, 제도를 재구성한다고 진단하며 이러한 상황이 '한류 시장 확대와 산업 혁신의 기회인가, 아니면 글로벌 종속과 생태계 위축의 시작인가?'라고 화두를 던진다(이성민, 2020: 2). 여기서 OTT를 넷플릭스로 대체해도 무방하며 그편이 더 직설적이라고 생각한다. 실제로 넷플릭스는 막대한 자본을 바탕으로 한국 드라마 시장을 활성화하고, 기존 방송사 위주의 가치사슬을 넷플릭스를 위주로 한 OTT 플랫폼으로 전환하며, 영상 산업의 지배구조 논의를 촉발하고 있다. 현재로서는 넷플릭스라는 메기가 국내 드라마 시장에 들어와 드라마 제작시장을 휘젓고 있으며, 이에 한국 드라마 시장은 넷플릭스와 같은 글로벌 기업에 의한 종속을 극복하고 한류 시장의 확대와 드라마 산업의 혁신을 추진해야 하는 상황에 처해 있다.

이 책이 이러한 질문에 답을 구하는 데 도움이 될 뿐만 아니라 한국의 드라마 산업 발전을 위해 조금이나마 기여했으면 한다.

2021년 10월 남한산성을 바라보며

유건식

제1장

글로벌 넷플릭스

vs

한국 넷플릭스

넷플릭스는 1997년 미국에서 온라인으로 DVD를 배송하기 위해 설립한 회사로 출발해 전세계 2억 918만 명(2021년 6월)의 유료 가입자를 확보했다. 국내에는 2016년 1월에 진출했고, 2021년 2월에는 월 사용자 수가 1000만 명을 넘어선 것으로 추산되며(2020년 말 공식적인 유료 가입자는 380만 명), 월 결제액은 758억 원(2021년 9월 기준)에 달한다. 2020년 제작비는 3331억 원에 달해 국내에서 CJ ENM의 4091억 원 다음으로 2위를 차지하고 있다. 2020년에는 넷플릭스 엔터테인먼트 회사까지 설립했고, 파주군과 연천군에 스튜디오를 임대하여 코로나19 팬데믹 환경에서 국내 제작을 확대하고 있다. 이 장에서는 글로벌 넷플릭스와 한국 넷플릭스의 성과를 정리한다.

1. 넷플릭스는 드라마 시장의 게임 체인저인가, 파괴자인가?

1) 넷플릭스 연혁[1]

넷플릭스는 1997년 8월 29일 마크 랜돌프Marc Randolf와 리드 헤이스팅스Reed Hastings가 미국 캘리포니아주 스코츠 밸리Scotts Valley에 설립한 DVD 대여 서비스로 시작했다.

수학과 인공지능을 전공한 헤이스팅스는 프로그램 오류를 수정하는 업체인 퓨어 소프트웨어Pure Software를 창업해 성공했다. 이 회사를 매각한 다음에 랜돌프와 함께 새로운 사업을 구상하던 중 랜돌프의 57번째 아이디어인 샴푸 온라인 주문 배송 서비스를 DVD로 변경하고 우체국에서 CD(당시에는 DVD를 구하기 어려워 CD로 대체)를 리드 헤이스팅스의 집에 부치고 아무 문제없이 받아본 후 사업을 추진하기로 결정했다. 당시 미국 전역에 점포 수가 9000개가 넘을 정도로 비디오 대여시장을 장악하고 있던 골리앗 블록버스터Blockbuster를 상대로 영화 대여 사업을 하기 위해 넷플릭스를 창업한 것이다.

넷플릭스Netflix라는 이름은 인터넷을 뜻하는 '넷Net'과 영화 주문을 뜻하는 '플릭스Flicks'를 합친 단어로, 랜돌프가 결정했다(키팅, 2015: 45). 넷플릭스는 1998년 온라인 웹사이트로만 월정액 회원을 모집해 회원들이 보고 싶어 할 것 같은 DVD를 추천해서 배송하는 서비스를 출시했다.

1997년에 미국에 소개된 초기 DVD 포맷이 넷플릭스 사업의 열쇠였다.

---

[1] 유건식(2019: 103~105)을 수정·보완했다.

DVD는 가볍고 작아서 우편 주문이 가능했다. 당시 DVD 플레이어 공급이 증가한 것은 넷플릭스 비즈니스 모델이 성공하는 데 크게 기여했다.

넷플릭스는 1999년부터 구독 모델Subscription model을 도입했다. 이 모델에 따라 가입자는 추가 비용이나 연체료 없이 많은 DVD를 볼 수 있게 되었다. 헤이스팅스가 블록버스터에서 〈아폴로 13Apolo 13〉 비디오를 빌리고 연체료 40달러를 낸 것이 넷플릭스가 연체료 없는 비즈니스 모델을 도입한 배경이라고 알려지기도 했으나, 이는 창업 신화를 만들기 위해 꾸며낸 이야기이다. 또한 넷플릭스는 이용자 평가제도라는 알고리즘을 도입해 가입자가 원할 만한 영화를 추천할 수 있도록 했다. 창업 당시부터 '시네매치cinematch'라는 자체 추천 알고리즘을 통해 영화 고객들의 인기를 끌었다. 시네매치는 작품을 기준으로 같은 배우 또는 같은 감독, 같은 장르의 작품을 추천해 주던 전통적인 방식과 달리, 특정 영화에 비슷한 별점을 준 고객을 하나의 그룹으로 묶은 뒤, 각 그룹 소속 구독자가 높은 별점을 준 영화를 같은 그룹의 다른 구독자에게 추천하는 방식이다. 그 덕분에 넷플릭스는 신작이나 인기작에만 대여가 몰리지 않는 혁신적인 재고 관리를 실현했고, 나아가 자체 물류센터 건립 및 우체국과의 협약을 통해 유통 비용까지 크게 낮추는 데 성공했다.

하지만 닷컴 버블에 따른 경기 불황 여파와 신속하지 못한 콘텐츠 순환으로 인해 창립 이후 계속 적자를 보자, 넷플릭스는 2001년 블록버스터에 5000만 달러에 인수를 요청했으나 블록버스터가 이를 거절했다. 스스로 살길을 찾아야 했던 넷플릭스는 DVD 배송의 어두운 미래를 예측하고, 2007년부터 온라인 스트리밍 서비스를 도입했다. 말하자면, 넷플릭스는 블루오션 전략을 통해 새로운 사업 영역을 찾아낸 셈이다(유건식, 2019: 123; 이상원, 2020: 93). 실물 DVD를 제거하고(Eliminate), DVD 배송 비용을 줄이고(Reduce), 시청 편의성과 글로벌 가입자를 증가시키고(Raise), 개인화 추천과 글로벌 스트리밍을 창조했다(Create). 특히 스트리밍을 통한 구독경제를 정착하는 데 지대한 공헌을 했다. 그러나 당시 뉴미디어에 대해 불신과 적개심을 가지고 있던 할리우드 제작사들 때문에 넷플릭스는 1000여 편의 콘텐츠로 스트리밍 서비스를 시작할 수밖에 없었다.

아이러니하게도 넷플릭스 인수를 거절한 블록버스터는 2010년 파산했다. 블록버스터는 오리건주 벤드Bend에 지점 하나가 마지막으로 남아 있는데, 비디오 대여와 함께 추억 여행을 오는 중년들을 맞이하는 관광지로 유명하다. 2020년 12월 넷플릭스에서 마지막 블록버스터 체인점에 대한 다큐멘터리 〈마지막 블록버스터The Last Blockbuster〉를 공개했다. 비디오 대여 회사가 영화 스튜디오와 계약을 체결하여 독립 비디오 대여점을 어떻게 폐업시켰는지를 다룬다. 이 마지막 지점에서 2004년부터 근무하는 매니저 샌디 하딩Sandi Harding은 '비디오 엄마'로 불린다. 아쉽게도 이 글을 쓰는 지금도 이 다큐멘터리는 한국에서 서비스되지 않는다.

넷플릭스가 스트리밍 사업 초기에 겪은 이러한 어려움은 높은 판권 비용을 요구하는 영화에 의존하는 대신 상대적으로 규모가 작은 방송사의 TV 시리즈물에 관심을 기울이도록 만들었고, 결국 오리지널 콘텐츠 제작으로 비즈니스 방향을 바꾸도록 했다. 넷플릭스가 콘텐츠에 투자하는 이유는 신규 가입자를 유치하고, 기존 가입자의 수명을 연장하며, 포트폴리오의 전반적인 가치를 높여 고객 확보 비율을 낮추고 가입자의 총가치를 늘리기 때문이다(추오, 2019: 70). 2013년 〈하우스 오브 카드House of Cards〉의 성공을 시작으로 넷플릭스는 세계에서 가장 많은 콘텐츠를 만드는 회사가 되었다. 에미상, 아카데미상에서 전통의 강자 HBO보다 많은 작품을 수상 후보에 올리는 성과를 거두었고, 2019년에는 미국 영화제작사협회에까지 가입해 단순한 유통사가 아니라 제작까지 하는 회사로 변모했다. 2021년 제73회 에미상에서 넷플릭스는 44개 부문에서 수상하여 19개 부문에서 수상한 전통의 강호 MBO 맥스를 처음으로 추월했다.

이런 성장 과정을 통해 2000년도에 30만 명에 불과하던 이용자는 2021년 6월 2억 918만 명까지 폭발적으로 성장했고, 글로벌 리서치 기관 스태티스타Statista에 따르면 2026년에는 2억 8600만 명에 도달할 전망이다.[2]

2) 구독 모델을 통한 성장

넷플릭스의 비즈니스 모델은 구독 서비스 모델Subscription service model, 짧게 줄여서 구독 모델이다. 구독 서비스는 신문이나 우유 배달처럼 한 달에 일정 비용을 내면 물건이나 서비스를 정기적으로 제공받는 형태다. 상품경제는 우버Uber나 에어비앤비Airbnb처럼 공유경제를 지나 구독의 경제로 진화하고 있다. 구독 모델은 일정 금액을 내고 제품이나 서비스를 무제한 이용하는 '무제한 이용형', 제품을 정기적으로 배송받는 '정기 배송형', 일정 기간 제품을 빌려서 사용하는 '렌탈형'으로 구분된다.

넷플릭스가 구독 모델의 전형이 된 이유는 넷플릭스의 대성공 이후

---

2) https://www.statista.com/statistics/1052770/global-svod-subscriber-count-by-platform/

이러한 비즈니스 모델이 다른 분야로 확산되었기 때문이다. 현재는 음악, 동영상, 도서, 식료품, 의료, 헬스케어, 차량 등 거의 모든 분야로 확장되고 있다. 이처럼 구독 서비스가 부상하는 이유는 IT 기술의 발달에 따라서 가성비나 가심비를 중시하는 합리적 소비 성향이 강화되고, 고객 데이터에 기반하여 '경험'에 초점을 맞추는 개인화된 서비스 요구가 증가되었기 때문이다.

또한 구독 경제라는 말이 만들어진 것도 넷플릭스로부터 기원한다. 구독경제Subscription Economy라는 용어를 만든 주오라Zuora의 CEO 티엔 추오Tien Tzuo는 세일즈포스Salesforce의 최고전략책임자(CSOChief Strategy Officer)로 있다가 렌터카 공유 회사인 집카Zipcar의 성장과 넷플릭스의 서비스를 보면서 구독경제가 성장할 것으로 보고 주오라를 창립했다(이미영, 2020). 주오라는 홈페이지에서 기존의 시대가 상품을 배송하고 비용을 청구하는 시대였다면, 구독경제에서는 더 많은 소비자가 상품보다 서비스를 통한 구독으로 욕구를 충족한다고 말한다. 이러한 트렌드는 2007년부터 시작되었으며, 상품을 구매하는 것에서 서비스를 구독하는 것으로 트렌드가 전환되었음을 의미한다.[3] 2007년은 바로 넷플릭스가 DVD를 우편으로만 배달하다가 새롭게 스트리밍을 시작한 해이다.

주오라는 2012년부터 구독경제 지수Subscription economy index를 만들어 발표하고 있다. 2012년 1월 1일을 기준으로 구독경제 지수, S&P 500 판매 지수, 미국 소매 지수를 동일하게 100으로 설정하고 매 분기 지수를 발표한다. 2020년 4분기 미국 소매 지수는 130%, S&P 500 판매 지수는

---

[3] https://www.zuora.com/vision/subscription-economy/

132%로 크게 성장하지 않은 데 비해, 구독경제 지수는 437%로 4배 이상이나 성장했다.

넷플릭스의 비즈니스 모델은 구독 모델이며, 콘텐츠 소비는 SVOD Subscription Video On Demand 형태로 이루어진다. SVOD는 구독형 VOD를 뜻하는 것으로 이용자가 영상을 보기 위해서 특정한 콘텐츠를 선택하는 '주문'과 일정 기간 동안 일정 금액을 지불하고 이용하는 '구독'이 조합된 용어이다. 현재 콘텐츠 제작사들은 대부분 넷플릭스의 구독 모델을 따르고 있다. 이 모델을 따르고 있는 글로벌 OTT는 유튜브 프리미엄 YouTube Premium, 디즈니+, 애플TV+, 아마존 프라임 비디오Amazon Prime Video, 피콕Peacock, HBO 맥스 등이 있고, 국내에는 웨이브, 티빙TVING, 왓챠Watcha, 시즌Seezn 등이 있다.

3) 넷플릭스의 글로벌 확산 전략

넷플릭스는 미국 서비스로 출발했지만, 2010년 캐나다를 시작으로 해외에 진출했고, 2017년부터 미국 내보다 해외 가입자가 더 많아졌다. 2021년 6월 말 기준으로 미국 유료 이용자는 7395만 명으로 해외 1억 3523만 명보다 훨씬 적다.

넷플릭스의 미국 내 신규 가입자는 2012년부터 정체 상태이며, 2019년에는 55만 명에 불과하여 넷플릭스가 위기에 처한 적도 있다. 그러나 해외 신규 가입자는 2014년부터 급증하기 시작하여 2020년에는 미국 내 신규 가입자보다 해외의 신규 가입자가 약 5배 정도 많다. 이처럼 넷플릭스는 해외 시장에 사활을 걸 수밖에 없다. 한스 로슬링Hans Rosling이 『팩트풀니스Factfulness』에서 밝혔듯이 해외, 그중에서도 아프리카와 남미의 경제력이 점차 좋아질 것이기 때문에 해외 가입자는 계속 증가할 것이다.

넷플릭스는 기존의 할리우드가 해외 진출에 사용했던 방법과 다른 확산 전략을 펴고 있다. 넷플릭스는 해외 시장 확보를 위해 3C, 즉 콘텐츠Contents, 비용Cost, 경쟁Competition 전략을 활용하고 있다. 콘텐츠 전략은 각국의 문화적 다양성을 반영한 현지화 전략을 뜻한다. 비용 전략은 케이블 사업자 및 통신회사와 협력하여 광고비용과 유통비용을 절감하는 전략이다. 경쟁 전략은 넷플릭스가 타 OTT 플랫폼과 경쟁하는 상황에서 혁신적인 콘텐츠를 공개하여 경쟁업체보다 우위를 확보하려는 전략이다(한국방송통신전파진흥원, 2019: 35~37).

넷플릭스가 글로벌을 하나의 플랫폼으로 엮기 전까지 디즈니, 유니버설 등 기존 콘텐츠 홀더holder의 타국에 대한 콘텐츠 유통은 자사 판매 조직이나 에이전시를 통해서 콘텐츠를 하나씩 또는 패키지로 묶은 방송권, 비디오 복제권, 전송권 판매 등으로 이루어졌다. 이러한 관행을 바꾼 것이 넷플릭스이다.

첫째, 넷플릭스는 현지에 데이터 센터와 유사한 오픈 커넥트 어플라이언스(OCAOpen Connect Appliance)를 인터넷 서비스 제공업체(ISP)에 제공한다. 2008년 넷플릭스는 데이터 센터 문제로 전체 서비스가 중단되고 3일 동안이나 DVD 배송이 멈추는 사고를 겪은 후 콘텐츠를 7년에 걸쳐 아마존 클라우드인 AWS로 이전했다. 그리고 전 세계에 1000개가 넘는 ISP와 협력하여 해당 지역의 ISP에 오픈 커넥트Open Connect를 내장하여 상당량의 트래픽을 현지화했다. 내장된 오픈 커넥트 어플라이언스는 넷플릭스가 전 세계 60여 개 글로벌 데이터 센터에서 사용하는 OCA와 동일한 성능을 가지고 있어 원활하게 서비스가 이루어진다.[4]

둘째, 넷플릭스는 '로컬'을 중시하고 있다. 현지에 진출하여 해당 국가의 콘텐츠를 공급하려고 하고, 현지에서 오리지널을 제작하여 해외에 동시 개봉하는 전략을 펼치고 있다. 『컬처 맵The Culture Map』의 저자 에린 마이어Erin Meyer는 "넷플릭스는 디즈니가 아니다. 넷플릭스는 미국 쇼를 선택하여 세계에 밀어 넣지 않고, 스페인, 한국, 콜롬비아 등 다른 지역으로 가서 해당 지역의 문화에 맞게 쇼를 개발한다"라고 말했다(Viswanath, 2020). 2016년 넷플릭스가 국내에 론칭할 당시 국내 방송사들은 콘텐츠를 공급하지 않았다. 이에 넷플릭스는 〈꽃보다 남자〉, 〈아이리스〉, 〈성균관 스캔들〉처럼 제작사가 방송사와 방송권 계약을 한 드라마의 판권을 적극적으로 수급했다. 그러다가 2019년부터는 〈킹덤〉, 〈좋아하면 울리는〉 등의 넷플릭스 오리지널 드라마를 제작하여 공개했다.

셋째, 넷플릭스는 한 국가의 성공 모델을 다른 지역에 그대로 적용하고 있다. 『넷플릭스의 시대: 시간과 공간, 라이프스타일을 뛰어넘는 즐거운 중독』의 멕시코 사례, 『넷플릭스 효과』에서 제시하는 영국과 독일 사례, 『넷플릭스 세계화의 비밀: 넷플릭스식 OTT 플랫폼의 원리』의 글로벌 시장 만들기 사례 등을 보면 이전에 진출한 국가에서 배운 노하우를 그대로 다음 국가에 적용하고 있다.

특히 넷플릭스의 CEO 리드 헤이스팅스와 에린 마이어가 공동으로 쓴 『규칙 없음: 넷플릭스, 지구상 가장 빠르고 유연한 기업의 비밀No Rules Rules: Netflix and the Culture of Reinvention』에서는 로컬 문화에 맞도록 조직을 운영하려는 넷플릭스의 노력을 엿볼 수 있다.[5] 넷플릭스는 크게는 국가별 문화

---

4) https://openconnect.netflix.com/ko_kr/
5) 그럼에도 가끔 논란이 벌어진다. 브라질에서 만든 영화 〈예수의 첫 번째 유혹(The First Temptation of Christ)〉은 예수가 게이인 척하고 파티에서 그의 부모에게 커밍아웃한

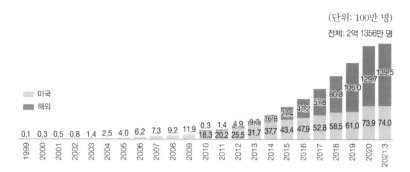

(단위: 100만 명)

전체: 2억 1356만 명

미국
해외

| 1999 | 2000 | 2001 | 2002 | 2003 | 2004 | 2005 | 2006 | 2007 | 2008 | 2009 | 2010 | 2011 | 2012 | 2013 | 2014 | 2015 | 2016 | 2017 | 2018 | 2019 | 2020 | 2021.3 |

0.1 0.3 0.5 0.8 1.4 2.5 4.0 6.2 7.3 9.2 11.9 0.3/18.3 1.4/20.2 4.9/25.5 9.7/31.7 16.8/37.7 27.4/43.4 41.2/47.9 57.8/52.8 80.8/58.5 106.0/61.0 129.7/73.9 139.5/74.0

그림 1 넷플릭스 가입자 증가 현황
자료: 넷플릭스 재무제표.

를 존중하고 수용하려고 하고, 작게는 빅데이터를 통해 개개인의 취향을 감안하여 개별화하려고 한다.

4) 유료 가입자

넷플릭스의 유료 가입자는 2021년 6월 말 기준으로 2억 918만 명이다. 넷플릭스의 재무제표를 보면 1999년에 10만 명으로, 당시에는 DVD만 인터넷으로 주문받아 배송하는 시스템이었다. 2007년부터 스트리밍 서비스를 시작했다. 이후 넷플릭스의 유료 가입자 수는 2003년 140만 명, 2009년 1190만 명, 2017년 1억 1106억 명, 2020년 2억 363만 명,

---

다는 내용으로, 이 영화가 예수를 조롱하고 기독교 신앙을 공격했다며 영화를 넷플릭스에서 내리라고 24만 명이 청원했다(https://bgr.com/entertainment/one-of-the-most-controversial-netflix-originals-ever-is-about-to-be-pulled-from-the-streamer/). 호주에서 제작한 첩보물 〈파인 갭(Pine Gap)〉에는 중국이 임의로 설정한 '구단선'이 나온다고 베트남이 항의하여 서비스를 중단했다(https://www.mk.co.kr/news/world/view/2021/07/643450/).

2021년 9월 말 2억 1356만 명으로 증가했다. 넷플릭스에서는 2021년 말에 유료 가입자가 2억 2206만 명으로 증가할 것으로 전망한다.

넷플릭스는 아직도 DVD 배송 시스템을 갖고 있으며, 스트리밍을 도입하기 전 630만 명의 가입자를 확보했다. 2010년까지는 스트리밍과 DVD 가입자를 구분하지 않고 가입자를 발표하다가 2011년부터 구분하여 발표했는데 2011년에 1120만 명이었다. 그 이후 계속 감소하여 2019년에 마지막으로 발표한 DVD 가입자는 220만 명이었다.

5) 가입자 확대 전략

넷플릭스의 가입자 확대 전략에는 콘텐츠 라이선싱과 오리지널 제작이 있다. 넷플릭스는 가입자 확대를 위해 양질의 콘텐츠를 확보하는 데 엄청난 투자를 한다. 넷플릭스는 서비스하는 콘텐츠를 오리지널 제작과 방영권 구매로 확보한다. 넷플릭스 오리지널Netflix Original은 다른 곳에는 유통하지 않고 넷플릭스에서만 독점적으로 공개하는 넷플릭스 오리지널과 특정 채널에서 방송된 것을 특정 지역에서만 독점으로 공개하는 조건으로 투자하는 넷플릭스 구매 오리지널Netflix Licensed Original이 있다.

넷플릭스는 2021년 2월 기준으로 1만 5000편을 제공하고 있고, 2013년부터 1500편 이상을 제작하거나 라이선싱했다(Cook, 2021). 일반적으로 오리지널 콘텐츠는 신규 가입자 유치에 도움이 되고, 라이브러리 콘텐츠는 가입자 유지에 도움이 된다. 2013년 2월 〈하우스 오브 카드〉를 공개한 이후 가입자가 급증하고 이에 따라 넷플릭스 주가도 급상승했다. **그림 2**는 미국에서 주요 오리지널 작품을 공개하는 것과 가입자 유입이 일치하는 것을 보여준다. 특히 〈오자크 Orzak〉는 코로나19 확산과 궤

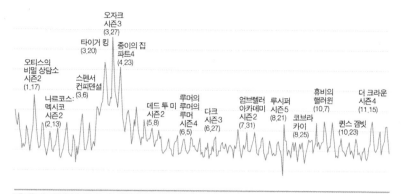

그림 2 미국 넷플릭스 오리지널 공개와 가입자 증가 현황(2020.1.1~11.30)
자료: *Observer*(2020.12.9).

를 같이하면서 매우 인기가 있었는데, 3월 27일 시즌3가 공개되면서 가입자가 가장 많이 늘어난 것을 알 수 있다(Katz, 2020).

넷플릭스의 최초 비즈니스 모델은 콘텐츠 라이선싱이었다. 넷플릭스는 케이블 업체인 스타즈Starz와 2008년부터 연간 3000만 달러를 5년간 지급하고 2500개의 영화와 TV 쇼를 공급받는 계약을 체결해 고급 콘텐츠를 확보함으로써 콘텐츠 제공자로서 유선 방송과 대등한 지위를, 그것도 아주 적은 비용으로 획득할 수 있었다. NBC 유니버설NBC Universal과 체결한 계약도 마찬가지였다. 넷플릭스는 얼마 안 되는 사용료를 내고 인기 프로그램 〈새터데이 나이트 라이브Saturday Night Live〉를 비롯해 온갖 신작과 인기작들을 서비스할 수 있었다. 그 후 넷플릭스는 파라마운트Paramount, 라이온스게이트Lionsgate, MGM이 공동 소유한 유료 채널 에픽스Epix로부터 5년짜리 콘텐츠 사용권을 8억 달러에 사들였다(키팅, 2015: 343).

그러나 넷플릭스의 회원이 급증하면서 순이익이 증가하자 스타즈는

2012년 재계약 협상에서 콘텐츠 비용을 10배 올려 3억 달러를 지불할 것을 요구했고, 그 결과 계약이 결렬되었다. 이에 따라 넷플릭스의 주가가 폭락했으며 순이익도 2011년 2억 2613만 달러에서 2012년 1715만 달러로 2억 달러 이상 감소했다. 이러한 상황을 겪은 뒤 넷플릭스는 오리지널을 제작하는 쪽으로 방향을 틀었다.

그럼에도 여전히 넷플릭스 콘텐츠의 대부분은 라이선싱 콘텐츠이다. 모든 콘텐츠를 오리지널로 제작하는 것은 불가능하기 때문이다. 2021년 4월에 넷플릭스는 2022년부터 소니픽처스Sony Pictures가 극장 또는 홈 엔터테인먼트를 통해 공개하는 장편영화에 대해 미국 내의 스트리밍 서비스를 독점으로 제공하는 계약을 체결했다(넷플릭스, 2021).

다음으로 오리지널 제작을 살펴보자. 넷플릭스의 신규 타이틀 중에서 오리지널 비중이 증가하고 있다. 오리지널 타이틀은 2016년 15%인 91편, 2017년 25.2%인 172편, 2018년에는 43.1%인 323편을 제작했다(Ng, 2018). 넷플릭스는 2020년 4분기 실적을 발표하면서 주주들에게 보내는 편지에 500개 이상의 타이틀이 후반 작업 중이거나 개봉을 준비 중이며, 2021년에 매주 새로운 콘텐츠를 개봉하겠다고 밝혔다(Netflix, 2021a: 4). 이 추세라면 넷플릭스는 곧 디즈니를 제치고 세계에서 가장 많은 비용을 콘텐츠 제작에 쏟아붓는 회사가 될 것이다. 넷플릭스의 콘텐츠 비용은 지난 10년간 808%가 증가했다. 2013년 24억 달러, 2014년 28억 달러, 2015년 49억 달러, 2016년 69억 달러, 2017년 89억 달러, 2018년 120억 달러, 2019년 153억 달러, 2020년 173억 달러를 투자했고, 2021년에는 190억 달러를 투자할 계획이다.[6] 대략 이 중의 85%가 오리지널 확보에 사용된다. 넷플릭스 이용자의 80%는 라이선스 콘텐츠를 보며, 42%는 오리지널 콘텐츠를 전혀 보지 않는다.[7]

넷플릭스는 오리지널이 많아지면서 전체 콘텐츠 제공 규모가 작아지고 있다. 2020년 영화와 TV 쇼의 콘텐츠 숫자는 2010년 7285편에서 2020년 5838편으로 1447편이 감소했다. 영화는 2010년 6755편에서 2020년 3730편으로 3025편 감소하는 등 매년 지속적으로 감소했고, 이 중 오리지널은 523편이다. TV 쇼는 2010년 530편에서 2020년 2108편으로 1578편이 증가했고, 이 중 오리지널은 574편으로 2015년부터 급증하고 있다(Griffith, 2020). 넷플릭스의 'What's on Netflix' 페이지에서 콘텐츠 숫자를 확인할 수 있는데, 넷플릭스 라이브러리가 3647편, 오리지널이 2073편(영화 276편)이다.[8] 넷플릭스는 처음에는 영화를 서비스했으나 TV 드라마가 시청시간도 많고 효율이 좋아서 TV 쇼에 더 치중하고 있다.

넷플릭스가 오리지널에 치중하는 이유는 이용자가 오리지널 콘텐츠를 중요하게 생각하기 때문이다. 미국인의 86%(절대적으로 중요 21%, 매우 중요 40.7%, 다소 중요 24.4%)가 오리지널 콘텐츠가 중요하다고 답했다(Pensworth, 2020).

오리지널 콘텐츠는 넷플릭스의 성장 동력이다. 2018년 12월 21일 공개한 넷플릭스의 오리지널 영화 〈버드박스Bird Box〉는 4주 동안 8000만 명이 시청했다. ≪월스트리트 저널The Wall Street Journal≫에 따르면 2020년 4분기 넷플릭스 신규 가입자는 전년 동기 대비 37% 증가한 880만 명이었다. 이 중 상당수가 〈버드박스〉를 보기 위해 가입한 것이라는 해석이

6) https://www.statista.com/statistics/707302/netflix-video-content-budget/
7) https://www.businessofapps.com/data/netflix-statistics/
8) https://www.whats-on-netflix.com/originals/

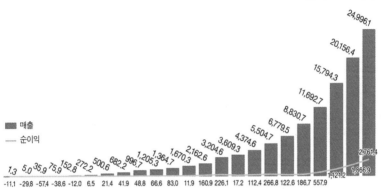

(단위: 100만 달러)

■ 매출
— 순이익

24,996.1
20,156.4
15,794.3
11,692.7
8,830.7
6,779.5
5,504.7
4,374.6
3,609.3
3,204.6
2,162.6
1,670.3
1,364.7
1,205.3
996.7
682.2
500.6
272.2
152.8
75.9
35.9
5.0
1.3
2,761.4
1,121.2
1,866.9

-11.1 -29.8 -57.4 -38.6 -12.0 6.5 21.4 41.9 48.8 66.6 83.0 11.9 160.9 226.1 17.2 112.4 266.8 122.6 186.7 557.9

1998 1999 2000 2001 2002 2003 2004 2005 2006 2007 2008 2009 2010 2011 2012 2013 2014 2015 2016 2017 2018 2019 2020

그림 3 넷플릭스 매출과 당기 순손익 현황
자료: 넷플릭스 재무제표.

나온다(이민아, 2019c: 23).

6) 매출과 순이익

넷플릭스의 매출은 1998년 130만 달러에서 2020년 250억 달러로 거의
2만 배가 상승했다. 1998년부터 2002년까지 5년간은 적자를 보았고,
2000년에는 적자액이 5740만 달러에 달했다. 2003년부터 흑자로 전환
하여 2020년에는 27.6억 달러까지 증가했다. 콘텐츠 산업은 한계비용
이 낮은 특징으로 인해 가입자가 증가할수록 순익이 급증하게 된다. 넷
플릭스가 전형적인 사례를 제시하고 있다.

2. 넷플릭스는 국내에 얼마나 깊이 들어와 있나?

1) 국내 진출 연혁

넷플릭스는 2015년 8월 1일 한국에서 넷플릭스 서비스를 제공하기 위해 넷플릭스서비시스코리아Netflix Services Korea 유한회사를 설립했고, 지배기업은 네덜란드 암스테르담에 있는 넷플릭스 인터내셔널 B.V.Netflix International B.V.이다.

2016년 1월 6일, 넷플릭스의 국내 정식 서비스가 시작되었다. 넷플릭스 CEO 리드 헤이스팅스가 CES 2016의 기조연설에서 "한국을 포함한 전 세계 130개 국가에서 추가로 넷플릭스 서비스를 시작한다"라고 밝히기도 했다.

2018년부터 싱가포르 한국 전담팀이 더 많은 이야기를 발굴하기 위해 서울에 상주하고 있다. 현재 사무소는 서울특별시 종로구 우정국로 26 센트로폴리스 A동에 있다. 2019년 넷플릭스는 2020년까지 직원을 60여 명으로 늘릴 계획이었으나 넷플릭스에서 발표한 2020년 감사보고서에는 92명이 근무하고 있어, 넷플릭스가 한국에서 콘텐츠 제작에 더 투자하고 있음을 알 수 있다.[9]

2016년 1월부터 시작된 국내 서비스에서 월 요금은 베이식 9500원, 스탠다드 1만 2000원, 프리미엄 1만 4500원으로 설정되었고 2021년 현재까지 변경하지 않았다. 30일 무료 체험을 제공해 왔으나, 2019년 멕

---

9) http://dart.fss.or.kr/dsaf001/main.do?rcpNo=20210412002747&dcmNo=8013624

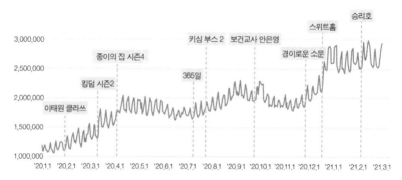

그림 4 넷플릭스 주요 신작 출시에 따른 일 이용자수 변화 추이
자료: 모바일 인덱스, https://hd.mobileindex.com/report/?s=149

시코에서 시작된 30일 무료 체험 중단을 2021년 4월 7일부터 국내에서도 적용했다(김민선, 2021). 그리고 2020년 연말 캐나다부터 미국 등의 요금을 인상하고 있기 때문에 한국도 인상할 가능성이 높다.

넷플릭스의 한국 진출 첫해 가입자는 약 8만 명 정도에 불과하여 한국 OTT 지형에서는 넷플릭스를 위협적인 존재로 생각하지 않았다. 지상파 방송사가 콘텐츠를 공급하지 않았고, 방송사에 저작권이 없는 〈성균관 스캔들〉, 〈꽃보다 남자〉, 〈아이리스〉 등만 제공했기 때문에 절대적으로 콘텐츠가 부족한 것이 이유였다고 할 수 있다. 이후 MBC 드라마 〈불야성〉을 제공하고 영화사 NEW와 라이선스 계약을 체결해 콘텐츠를 확대하기 위해 노력했다. 넷플릭스가 존재감을 알리기 시작한 것은 제작비 5000만 달러 전액을 투자하여 2017년 6월 개봉한 영화 〈옥자〉(각본/감독 봉준호)부터다. 2018년에는 넷플릭스가 300억 원을 투자한 〈미스터 선샤인〉(극본 김은숙, 연출 이응복)이 화제를 모았다. 넷플릭스가 국내에서 확고히 자리 잡은 시점은 넷플릭스 오리지널 〈킹덤〉을 공개한 2019년 1월

이다. 이때부터 넷플릭스는 국내 OTT 시장에서 월 순 이용자 1위로 올라서서 격차를 급격히 벌렸다. **그림 4**는 2020년 이후 주요 콘텐츠 개봉과 넷플릭스 일일 이용자수의 변화를 보여준다. 2021년에는 〈스위트홈〉과 〈승리호〉의 공개로 다시 한번 이용자가 급증하고 있다.

플랫폼 측면에서 보면 넷플릭스가 해외를 공략할 때 사용하는 '약한 고리 깨기' 전략[10]을 사용했다. 2016년 5월 23일 케이블 딜라이브와 계약을 체결하고 6월부터 OTT 박스 딜라이브 플러스를 통해 넷플릭스를 서비스했다. 2017년에는 CJ헬로의 OTT 셋톱박스인 뷰잉에 탑재되었으며, 2018년 1월에는 CJ헬로와의 제휴를 통해 유료방송 서비스인 CJ헬로 UHD 레드 셋톱박스에 탑재되어 TV를 통한 넷플릭스 시청의 편의성을 높였다. IPTV에서는 2018년 11월 16일부터 LG 유플러스를 통해 서비스를 확대했다.

넷플릭스는 '약한 고리 깨기'가 성공하면 본격적으로 주류로 진입한다. 2019년 11월 CJ ENM과 콘텐츠 제작 및 글로벌 유통을 위한 전략적 파트너십을 체결했고, JTBC 콘텐츠허브와도 콘텐츠 유통 파트너십을 체결했다. KT도 2020년 8월 3일부터 올레TV를 통해 넷플릭스를 서비스하고 있다. 2019년부터는 지상파 방송도 연 1~2편의 드라마를 공급하고 있다.

콘텐츠 공급과 관련해서 처음에는 콘텐츠를 라이선싱하여 수급을 했다면, 2017년부터 넷플릭스 오리지널을 제작하여 국내에 콘텐츠를 공급할 뿐만 아니라 해외에도 유통하고 있다. 2021년 넷플릭스는 국내에 5억 달러(약 5500억 원)라는 막대한 금액을 투자하여 13편의 오리지널 콘텐츠를 제

---

10) "약한 고리 깨기 전략이란 특정 국가의 통신·방송 사업자 중 점유율이 낮은 사업자를 우선 공략하고 마지막에 1위 사업자를 함락하는 시장 침투 방식"을 뜻한다(문성길, 2017: 106).

작하겠다고 밝혔다. 또한 넷플릭스는 2021년 초에 약 1만 6000m² 규모의 콘텐츠 생산기지를 마련하며 한국산 콘텐츠 확보를 통한 이용자 확대에 공을 들였다. 경기도 파주시와 연천군의 'YCDSMC 스튜디오 139', '삼성 스튜디오'와 장기임대계약을 체결한 것이다. YCDSMC 스튜디오 139는 9000m²(6개 스테이지), 삼성 스튜디오는 7000m²(3개 스테이지) 규모다. 넷플릭스는 이를 2021년 3월부터 운영하고 있다(김성모, 2021).

2) 국내 유료 가입자

넷플릭스가 공식적으로 발표한 유료 가입자는 2020년 9월 말 기준 336만 명으로, 20대 35%, 30대 26%, 40대 20%, 50대 이상 19%의 순으로 전 연령대가 고루 넷플릭스를 이용하고 있다. 2021년 2월에 넷플릭스가 개최한 '2021년 콘텐츠 라인업 소개' 행사에서 한국·아시아 지역 콘텐츠를 담당하는 김민영 총괄은 2020년 말 기준으로 유료 구독자는 380만 명이라고 밝혔다(정유림, 2021). 앱 분석 서비스업체인 와이즈앱 Wiseapp이 2020년 말 기준으로 410만 명으로 증가했다고 추정(이건혁, 2021)한 것보다는 30만 명 적은 수치이다. 국내 OTT인 웨이브의 유료 가입자는 200만 명 수준이므로 넷플릭스의 유료 가입자가 웨이브의 2배 수준으로 성장했다. ≪블룸버그Bloomberg≫에 따르면 2021년 연말에 넷플릭스의 유료 가입자는 530만 명으로 증가할 전망이다(Shaw, 2021b).

3) 국내 순 이용자

넷플릭스는 순 이용자를 구체적으로 밝히지 않고 있다. 코리안클릭에

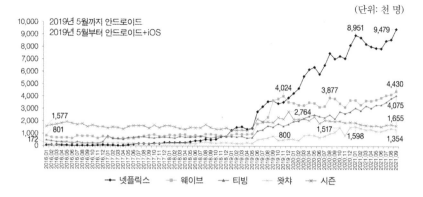

그림 5 넷플릭스 국내 월 이용자수 추이
자료: 코리안클릭.

서 추정한, 모바일 앱(안드로이드 OS와 iOS)을 통한 이용자는 2021년 9월
948만 명으로 최고치를 경신했다. **그림 5**는 2016년 넷플릭스가 국내에
진출한 이후 월 이용자 추이를 보여주고 있다. 2021년 9월 말 현재 넷플
릭스 948만 명, 웨이브 443만 명, 티빙 408만 명이다. 특히 넷플릭스는
〈오징어 게임〉이 출시된 9월 이용자가 212만 명이나 증가했다. 또한 아
이지에이웍스igaworks에 따르면, 넷플릭스 이용자는 2021년 2월에 1000만
명을 돌파한 것으로 나타났다(채새롬, 2021).

4) 국내 월 이용액

와이즈앱에 따르면 국내 넷플릭스 월 매출액은 2018년 3월 34억 원
으로 얼마 되지 않았으나 2019년 3월 167억 원, 6월 203억 원, 2020년
3월 361억 원, 4월 440억 원, 10월 514억 원, 2021년 1월 672억 원, 2월
725억 원으로 급상승했다. 이후 하락세를 유지하다가 9월에 758억 원으

표 1 넷플릭스 코리아 2019/2020 재무제표

(단위: 천 원)

구분	매출		비용	영업이익	당기순이익
	총액	구독료			
2019	185,851,621	175,598,554	130,936,888	2,231,755	1,200,908
2020	415,450,047	398,802,371	337,029,775	8,820,480	6,330,700
증감	229,598,426	223,203,817	206,092,887	6,588,725	5,129,792

자료: 금융감독원.

로 역대 최고액을 기록했다.

5) 국내 넷플릭스 재무 현황

넷플릭스가 2016년 한국에서 서비스를 시작한 이후 처음 공개한 2020년 재무제표를 보면, 매출액은 4154.5억 원(전년 대비 124% 증가)이고, 비용은 3370.3억 원으로 영업이익 88.2억 원(295% 증가)과 당기순이익 63.3억 원(427% 증가)을 달성했다. 이 중에서 구독료 수입은 3988.0억 원(127% 증가)이다.[11] 이 수치는 380만 명의 유료 가입자를 통해 달성한 실적이며, 2020년 결제금액 기준으로는 약 5173억 원으로 추정하고 있다(와이즈앱와이즈리테일, 2021).

6) 넷플릭스에 대한 국내 OTT 이용자의 만족도

톨스토이Lev Tolstoy의 소설 『안나 카레니나』는 "행복한 가정은 모두 엇

---

11) http://dart.fss.or.kr/dsaf001/main.do?rcpNo=20210412002747

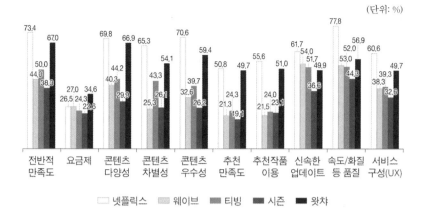

그림 6 OTT 플랫폼별 서비스 만족도
주: 조사 기간은 2021.4.23(금)~4.29(목), 표본은 만 15세 이상 남녀 1059명(95% 신뢰 수
준에서 ±3.0%p).
자료: 유건식(2021).

비슷하고, 불행한 가정은 불행한 이유가 제각기 다르다"라고 시작한다.
여기에서 유래한 것이 '안나 카레니나' 법칙이다. 이를 OTT 서비스에
적용하면 성공하는 OTT는 모두 동일한 이유로 성공했지만, 그렇지 못
한 OTT는 모두 다 나름의 이유가 있다고 할 수 있다.

넷플릭스의 성공에도 이 법칙이 적용된다고 할 수 있다. 그중에서 가
장 중요한 것이 소비자, 이용자의 만족이다. **그림 6**은 필자가 2021년
4월 KBS 국민 패널을 대상으로 조사한 결과이다. 넷플릭스는 추천 작품
이용 이외의 모든 항목에서 다른 OTT 서비스보다 만족도가 높다. 전반
적 만족도가 73.4%로 가장 높고, 요금제를 제외한 콘텐츠의 다양성,
차별성, 우수성, 추천 작품 만족도, 신속한 업데이트, 서비스 품질, 서비스
구성 등 모든 항목에서 만족도가 제일 높다. 대학내일20대연구소가
2021년 2월 23일부터 3월 2일까지 MZ세대 900명을 대상으로 1인 크리

에이터 영상 이용 행태를 분석한 「2021 MZ세대 온라인 영상 시청 트렌드」 보고서에 따르면 영상 시청에 가장 크게 영향을 끼치는 요인으로 '섬네일'(미리보기 이미지)을 꼽았다(Z세대는 39.9%)(김종효, 2021). 이처럼 넷플릭스가 섬네일에 신경을 많이 쓴 것이 이용자 만족도를 높였음이 이 설문조사에서도 드러났다.

이는 김희주·정정주(2020)의 연구에서도 나타난다. 이용자들은 연령에 상관없이 넷플릭스 자체 제작 프로그램을 가장 많이 시청했으나 20대와 30대는 드라마를, 40대는 영화를 선호했다. 상당수 응답자들은 여가 시간을 보내기 위해 넷플릭스를 이용했고, 해당 서비스에 만족하는 것으로 나타났다(김희재·정정주, 2020: 107).

이렇게 만족도가 높기 때문에 넷플릭스에 대한 충성도loyalty가 높아 가입자가 꾸준히 증가하고 여러 강력한 경쟁자가 나타나더라도 넷플릭스를 잘 이탈하지 않는다. 메리맨 캐피털Merriman Capital의 분석가 에릭 월드Eric Wold가 8년 동안 무료에서 유료로 전환한 비율을 조사한 바에 따르면 훌루Hulu는 3%인 데 반해 넷플릭스는 93%에 달한다(Carr, 2011).

제2장

넷플릭스의
국내 드라마 제작 현황

한국 넷플릭스는 국내 드라마 시장에 깊숙이 들어와 있다. 넷플릭스가 국내 드라마를 얼마나 확보하여 유통하는지, 왜 한국에서 드라마 제작을 확대하는지, 드라마는 어떻게 확보하는지, 어떠한 스토리를 선택하는지, 드라마 저작권은 어떻게 배분하는지, 드라마는 어떠한 품질로 제작하는지 등에 대해 알아본다.

1. 넷플릭스는 국내에서 얼마나 많은 드라마를 유통하나?

넷플릭스에서 2021년 5월 1일 한국 드라마를 검색한 결과, 시트콤까지 포함하여 시즌을 한 편으로 계산했을 때 183편이 서비스되고 있다. 에피소드 수는 2808개이다. tvN 49편, JTBC 47편, OCN 14편의 순이다. 지상파 방송은 MBC 11편, SBS 10편, KBS 8편이다. 2019년 웨이브가 출범하면서 넷플릭스에 1년에 1~2편을 공급하기로 했기 때문에 2019년 이전에 공급한 드라마는 지상파가 방송권만 가지고 있는 경우로 볼 수 있다. JTBC 이외 종편에서는 채널A 6편, TV조선 4편, MBN 2편이다. 네이버TV나 카카오TV에서 공개한 웹드라마도 19편이나 된다.

넷플릭스는 2016년 한국에 진출하기 위해 2015년에 한국을 포함한 글로벌 권리를 확보하려 했다. 대체로 미국 및 동남아시아의 주요 국가에서 이미 판매되고 있었기 때문에 이 국가들은 제외한다는 조건과 비독점 조건이었다. 그러나 지상파 방송사는 웨이브(당시 푹pooq)를 운영하고 있었으므로 넷플릭스를 이 서비스의 경쟁자로 여겼고, 넷플릭스가 제시한 금액이 너무 낮다고 판단하여 콘텐츠를 공급하지 않았다. 어쩔 수 없이 넷플릭스는 지상파가 권리를 갖고 있지 않은 드라마 위주로 계약하여 서비스했다. 출시 당시에 넷플릭스에서 볼 수 있었던 한국 드라마로는 지상파가 방영권으로 계약한 〈꽃보다 남자〉, 〈아이리스〉, 〈아테나: 전쟁의 여신〉 등이 대표적이다. 2021년 5월 기준으로는 이 드라마들은 서비스가 모두 중단되었다.

다음으로 넷플릭스가 유통한 콘텐츠는 CJ ENM과 JTBC 드라마였다. 2017년 4월 JTBC는 넷플릭스와 JTBC 콘텐츠 글로벌 라이선스 계약을 국내 방송사 최초로 체결했다. JTBC는 600시간 분량의 드라마, 예능 프

표 2 넷플릭스에서 서비스되는 한국 드라마(2021.6.1 기준)

채널	드라마
KBS2	성균관 스캔들(2010), 프레지던트(2010), 감격시대(2014), 헤어진 다음날(2016), 최강 배달꾼(2017), 동백꽃 필 무렵(2019), 도도솔솔라라솔(2020), 안녕? 나야(2021)
MBC	신이라 불리운 사나이(2010), 개인의 취향(2010), 마이 프린세스(2011), 넌 내게 반했어(2011), 보고 싶다(2012), 7급 공무원(2013), 기황후(2013), 마이 리틀 베이비(2016), 불야성(2016), 봄밤(2019), 신입사관 구해령(2019)
SBS	그 겨울 바람이 분다(2013), 별에서 온 그대(2013), 괜찮아 사랑이야(2014), 달의 연인: 보보경심 려(2016), 사임당, 빛의 일기(2017), 엽기적인 그녀(2017), 사의 찬미(2018), 배가본드(2019), 하이에나(2020), 더 킹: 영원의 군주(2020), 라켓소년단(2021)
tvN	응답하라 1997(2012), 응답하라 1994(2013), 식사를 합시다(2013), 미생(2014), 식사를 합시다2(2015), 오 나의 귀신(2015), 두 번째 스무살(2015), 응답하라 1988(2015), 치즈 인더트랩(2016), 시그널(2016), 또! 오해영(2016), 디어 마이 프렌즈(2016), 싸우자 귀신아(2016), 신데렐라와 네 명의 기사(2016), THE K2(2016), 도깨비(2016), 내성적인 보스(2017), 내일 그대와(2017), 그녀는 거짓말을 너무 사랑해(2017), 시카고 타자기(2017), 비밀의 숲(2017), 하백의 신부(2017), 명불허전(2017), 아르곤(2017), 이번 생은 처음이라(2017), 변혁의 사랑(2017), 슬기로운 감빵생활(2017), 화유기(2017), 라이브(2018), 나의 아저씨(2018), 어바웃 타임(2018), 김비서가 왜 그럴까(2018), 미스터 션샤인(2018), 아는 와이프(2018), 백일의 낭군님(2018), 알함브라 궁전의 추억(2018), 로맨스는 별책부록(2019), 어비스: 영원소생구슬(2019), 아스달 연대기(2019), 60일 지정생존자(2019), 사랑의 불시착(2019), 하이바이 마마(2020), 슬기로운 의사생활(2020), 사이코지만 괜찮아(2020), 비밀의 숲2(2020), 청춘기록(2020), 스타트업(2020), 빈센조(2021), 나빌레라(2021), 마인(2021)
OCN	나쁜 녀석들(2014), 보이스(2017), 터널(2017), 애타는 로맨스(2017), 구해줘(2017), 블랙(2017), 나쁜 녀석들: 악의 도시(2017), 보이스2(2018), 손 the guest(2018), 빙의: 영혼 추적 스토리(2019), 타인은 지옥이다(2019), 모두의 거짓말(2019), 루갈(2020), 경이로운 소문(2020)
JTBC	해피엔드(2012), 밀회(2014), 순정에 반하다(2015), 라스트(2015), 청춘시대(2016), 힘쎈여자 도봉순(2017), 맨투맨(2017), 품위 있는 그녀(2017), 청춘시대2(2017), 더 패키지(2017), 미스티(2018), 으라차차 와이키키(2018), 밥 잘 사주는 예쁜 누나(2018), 미스 함무라비(2018), 라이프(2018), 내 아이디는 강남미인(2018), 제3의 매력(2018), 뷰티 인사이드(2018), SKY 캐슬(2018), 일단 뜨겁게 청소하라(2018), 리갈하이(2019), 눈이 부시게(2019), 으라차차 와이키키2(2019), 아름다운 세상(2019), 바람이 분다(2019), 보좌관: 세상을 움직이는 사람들(2019), 꽃파당(2019), 열여덟의 순간(2019), 멜로가 체질(2019), 나의 나라(2019), 보좌관2: 세상을 움직이는 사람들(2019), 초콜릿(2019), 이태원 클라쓰(2020), 부부의 세계(2020), 쌍갑포차(2020), 야식남녀(2020), 모범형사(2020), 우리, 사랑했을까(2020), 우아한 친구들(2020), 18 어게인(2020), 경우의 수(2020), 사생활(2020), 런온(2020), 선배, 그 립스틱 바르지 마요(2021), 시지프스(2021), 괴물(2021), 로스쿨(2021), 알고 있지만(2021)

채널	드라마
TV조선	최고의 결혼(2014), 바벨(2019), 바람과 구름과 비(2020), 결혼작사 이혼작곡(2021)
채널A	컬러 오브 우먼(2011), 천상의 화원 곰배령(2011), 불후의 명작(2012), 최강 서바이벌(2012), 굿바이 마눌(2012), 판다양과 고슴도치(2012)
드라맥스/ MBN	마성의 기쁨(2018), 우아한 가(2019)
네이버TV	악몽선생(2016), 스파크(2016), 마음의 소리(2016), 더 미라클(2016)
다음TV팟	점핑걸(2015), 도대체 무슨 일이야(2015), 통 메모리즈(2016)
다음 스토리볼	러브포텐: 수정의 시대(2013)
카카오TV	도시남녀의 사랑법(2020), 아름다웠던 우리에게(2020), 이 구역의 미친 X(2021)
미니몬	마이 런웨이(2016)
애니맥스	마음의 소리 애니메이션(2016), 마음의 소리 애니메이션2(2020)
중국 소후	28개의 달(2016), 검은 달빛 아래서(2016), 마법의 핸드폰(2016)
Netflix	마이온리 러브송(2017), 비정규직 아이돌(2017), YG전자(2018), 마음의 소리 리부트(2018), 마음의 소리 리부트2(2018), 킹덤(2019), 첫사랑은 처음이라서(2019), 첫사랑은 처음이라서2(2019), 좋아하면 울리는(2019), 나 홀로 그대(2020), 킹덤2(2020), 인간수업(2020), 도시괴담(2020), 보건교사 안은영(2020), 스위트홈(2020), 좋아하면 울리는2(2021)

로그램을 각 콘텐츠별로 순차적으로 공급했다. 〈순정에 반하다〉, 〈우리가 결혼할 수 있을까〉 등 드라마가 이 계약에 따라 공급되기 시작했다. 〈맨투맨〉은 이 계약에 앞서 한국과 미국을 제외한 전 세계 독점 방영권 계약이 이뤄졌다(박수형, 2017).

2017년 6월 스튜디오 드래곤은 〈비밀의 숲〉을 기점으로 〈알함브라 궁전의 추억〉 등 다양한 드라마 방영권을 넷플릭스에 판매해 왔다. 특히 넷플릭스의 투자를 받아 〈미스터 션샤인〉, 〈아스달 연대기〉 같은 제작비 수백억 원대 규모의 작품을 제작할 수 있었다(박창영, 2019).

2019년 11월 CJ ENM과 스튜디오 드래곤은 2020년부터 매년 7편씩 3년간 21편을 넷플릭스에 공급하고, 이미 방영된 드라마의 제공 편수를 늘리는 계약을 넷플릭스와 체결했다. 이에 대한 대가가 1000억 원 규모라는 소문이 있다(끓는 물안의 개구리, 2020). 또한 CJ ENM이 스튜디오 드래곤의 주식 4.99%를 넷플릭스에 매도하는 조항도 있었는데, 12월 4일 140만 4818주를 주당 7만 6820원, 총 1080억 원에 매각했다. 이로써 넷플릭스는 스튜디오 드래곤의 2대 주주가 되었다[2020년 10월 네이버(주)와의 사업 제휴를 위해 1500억 원의 지분을 교환하기로 하여 네이버가 6.26%를 소유함으로써 3대가 되었다(서하나, 2020)]. 넷플릭스의 보호예수 의무 기간은 CJ ENM의 매도권 행사일로부터 18개월이며, 계약 기간 동안 최소 1%의 지분을 유지해야 한다(정미형, 2019).

JTBC도 2020년 상반기부터 3년간 프라임타임에 편성되는 드라마 20여 편을 넷플릭스에 공급하는 계약을 맺었다(이정현, 2019).

마지막으로 지상파 드라마가 문을 열었다. 2016년 11월 MBC에서 방송한 〈불야성〉이 넷플릭스가 국내 서비스를 출시한 이후 지상파에서 방송된 드라마로는 최초로 넷플릭스에 공급되었다. 그러나 〈불야성〉은 MBC가 제작사인 씨스토리와 방송권으로 계약하고, 제작사가 넷플릭스에게 공급한 것이므로 사실상 지상파가 넷플릭스에 공급한 것은 아니다.

지상파 방송사가 넷플릭스에 드라마를 공급한 첫 사례는 2018년 SBS에서 11월 27일부터 12월 4일까지 방송한 〈사의 찬미〉다. SBS는 〈사의 찬미〉가 에피소드가 3개에 불과한 특집 단막극인데 제작비가 많이 들어가기 때문에 수익성 확보 차원에서 KBS와 MBC의 양해를 얻어 판매했다고 밝혔다(송창한, 2019). 사실상 이때부터 지상파 드라마가 넷플릭스에 본격적으로 공급되기 시작했다고 볼 수 있다.

이후 지상파 방송사 연합인 '푹'과 SKB의 '옥수수'가 합병하면서 지상파 방송사는 기존의 넷플릭스 콘텐츠 공급 정책에 변화를 주어 방송사

표 3 지상파 방송사의 넷플릭스 공급 드라마 현황

채널	제목	횟수	방송	시청률(닐슨 전국)
SBS	사의 찬미	3	2018.11.27~12.4	6.1%
MBC	봄밤	16	2019.5.22~7.11	6.4%
MBC	신입사관 구해령	20	2019.7.17~9.26	5.3%
KBS2	동백꽃 필 무렵	20	2019.9.18~11.21	13.9%
SBS	배가본드	16	2019.9.20~11.23	9.3%
SBS	하이에나	16	2020.2.21~4.11	10.1%
SBS	더킹	16	2020.4.17~6.12	7.7%
KBS2	도도솔솔라라솔	16	2020.10.7~11.26	3.0%
KBS2	안녕! 나야	16	2021.2.17~4.8	3.4%
SBS	라켓 소년단	16	2021.5.31~7.20	5.4%(4회까지)

별로 연간 1~2편의 드라마를 넷플릭스에 공급하기로 했다(이미나, 2019). 표 3에서 보는 바와 같이 2019년 이후에 KBS가 3편, SBS가 4편, MBC 가 2편씩 공급했다.

2. 넷플릭스는 어떤 드라마를 제작했나?

넷플릭스는 로컬 콘텐츠의 중요성을 인식하고 로컬 콘텐츠를 꾸준히 제작하고 있다. 한국보다 1년 앞서 2015년에 진출한 일본에서도 애니메 이션 24편, 드라마 16편, 영화 11편, 예능 2편 등 53편의 오리지널을 제 작했다.

한국에서 넷플릭스 오리지널 첫 작품은 2017년 6월 29일 개봉한 봉 준호 감독의 영화 〈옥자〉이다. 나무위키에는 2017년 2월 24일 공개 한 10부작 〈비스트 마스터〉를 최초의 넷플릭스 오리지널 한국 콘텐츠

표 4 넷플릭스 한국 오리지널 현황

구분	2017	2018	2019	2020	2021	계
드라마			킹덤 첫사랑은 처음이라서 첫사랑은 처음이라서2 좋아하면 울리는	킹덤2 나 홀로 그대 인간수업 보건교사 안은영 스위트홈	좋아하면 울리는2 그날밤* 마이네임 무브 투 헤븐 D.P. 소년심판* 수리남* 안나라수마나라 종이의 집* 지금 우리 학교는 킹덤: 아신전 지옥 오징어 게임	21
웹				도시괴담		1
영화	옥자		페르소나	사냥의 시간 라바 아일랜드 무비 콜	차인표 승리호 낙원의 밤 고요의 바다	10
예능		범인은 바로 너!	범인은 바로 너!2	투게더	범인은 바로 너!3 백스피릿	5
코미디		유병재: 블랙코미디 유병재: B의 농담	박나래: 농염주의보		이수근의 눈치코치	4
시트콤		YG전자			내일 지구가 망해버렸으면 좋겠어	2
애니 메이션		라바 아일랜드	출동! 유후 구조대			2
계	1	5	8	10	21	43

주: 2021년 작품 중 진하게 표시된 것은 넷플릭스가 홈페이지(https://about.netflix.com/ko/news/
see-whats-next-korea-2021)에 발표한 예정 작품이고, *는 추가로 논의되고 있는 작품이다
(https://eyesmag.com/posts/133678/netflix-korean-drama-2021).

로 소개하고 있다. 한국, 미국, 브라질, 멕시코, 독일, 일본 등 6개국에서
총 108명의 도전자가 참가해 치열한 경쟁을 벌이는 넷플릭스 최초의 글
로벌 서바이벌 프로그램에 서경석과 박경림이 한국 진행자로 참여했고,

〈비스트 마스터 최강자 서바이벌: 한국 편〉이 있기 때문일 것이다. 그러나 이 작품은 한국에서 제작하지 않았고, 한국 제작사가 참여한 것이 아니기 때문에 한국 오리지널이라고 보기는 어렵다.

표 4에서 보듯이 매년 넷플릭스 오리지널이 증가하고 있다. 2017년 1편, 2018년 5편, 2019년 8편, 2020년 10편을 공개했으며, 2021년은 9월 말 현재 드라마 〈무브 투 헤븐〉, 〈D.P.〉, 〈킹덤: 아신전〉, 〈오징어 게임〉 4편, 영화 〈차인표〉, 〈승리호〉, 〈낙원의 밤〉 3편이 공개되었고, 총 11편이 예정되어 있다. 표 4를 보면 압도적으로 드라마 비중이 높다는 것을 알 수 있다.

드라마의 경우 넷플릭스는 지상파에서는 방송하기 어려운 좀비물이나 청소년 관람불가 드라마인 〈킹덤〉, 〈인간수업〉, 〈스위트홈〉 등에 중점을 두고 있는 것처럼 보인다.

이렇게 많은 콘텐츠가 국내와 국외에서 훌륭한 성과를 보이면서 한국에 대한 투자를 증가시키고 있다. 국제적인 성과에 대해서는 제3장에서 구체적으로 설명한다.

3. 넷플릭스는 왜 한국에서 드라마 제작을 확대하나?

넷플릭스는 매년 엄청난 돈을 투자해 한국에서 드라마 제작을 확대하고 있다. 넷플릭스는 2016년부터 2020년까지 한국 콘텐츠를 확보하고 한국 오리지널을 제작하는 데 7700억 원을 투자했고, 2020년 3300억 원에서 2021년에는 5500억 원으로 늘리겠다고 밝혔다. 넷플릭스는 그동안 〈킹덤〉, 〈첫사랑은 처음이라서〉, 〈좋아하면 울리는〉, 〈나 홀로 그

대〉,〈인간수업〉,〈보건교사 안은영〉,〈스위트홈〉등의 드라마를 제작
했다. 2021년에도 배두나·공유 주연의〈고요의 바다〉, 영국〈크리미널
마인드 저스티스〉를 리메이크한 김수현·차승원 주연의〈그날 밤〉,〈남
자 셋 여자 셋〉·〈순풍산부인과〉등의 시트콤을 제작한 제작진이 모여
만드는 시트콤〈내일 지구가 망해버렸으면 좋겠어〉, 김진민 감독의〈마
이네임〉, 김보통 작가의『D.P.』를 원작으로 한〈D.P.〉, 김혜수 주연의
〈소년심판〉, 하정우·황정민 주연의〈수리남〉, 하일권 작가의 웹툰을
드라마화한〈안나라수마나라〉, 이정재 주연의〈오징어 게임〉, 스페인
작품의 한국 버전인〈종이의 집〉, 주동근 작가의 웹툰을 드라마화한
〈지금 우리 학교는〉, 네이버 웹툰『지옥』을 원작으로 한〈지옥〉,〈킹
덤〉의 프리퀄인〈킹덤: 아신전〉,〈좋아하면 울리는〉시즌2 등 18개 작
품을 공개했거나 공개할 예정이다.

넷플릭스가 이렇게 제작을 확대하는 이유는 크게 콘텐츠 확보 전략
측면, 콘텐츠 경쟁 전략 측면, 현지화 전략 측면, 이용자 만족 측면으로
구분할 수 있다. 첫째, 콘텐츠 확보 전략이다.[12] 비디오 대여업으로 성공
한 넷플릭스는 2007년부터 OTT 사업을 시작했다. 가장 시급하고 중요
한 일은 최소한의 콘텐츠를 확보하는 것이었다. 넷플릭스는 유료 케이블
업체인 스타즈에 2008년부터 연간 3000만 달러를 5년간 지급하고
2500개의 영화와 TV 쇼를 공급받는 계약을 체결하면서 안정적으로 콘
텐츠를 확보했다. 그러나 넷플릭스의 회원이 급증하면서 순이익이 증가
하자 스타즈는 2012년 재계약 협상에서 콘텐츠 비용을 10배 올려 3억

---

12) 유건식(2019: 168~170)을 일부 수정했다.

달러를 지불할 것을 요구했고, 그 결과 계약이 결렬되었다. 이에 따라 넷플릭스의 주가가 폭락했으며 순이익도 2011년 2억 2613만 달러에서 2012년 1715만 달러로 2억 달러 이상 감소했다. 이러한 상황을 겪은 뒤 넷플릭스는 오리지널을 제작하기로 방향을 틀었다. 디즈니도 2019년 디즈니+를 론칭하면서 디즈니 콘텐츠를 넷플릭스에 라이선싱하지 않고, NBC 유니버설도 2020년 피콕을 론칭하면서 콘텐츠 공급을 하지 않음에 따라 넷플릭스는 오리지널 제작에 더욱 힘을 쏟고 있다. 콘텐츠를 구입하면 계약 기간 동안만 이용 가능하고 이후에는 다시 협상을 해야 하지만, 오리지널은 초기 비용은 들어가는 대신 작품이 인기 있는 한 계속해서 수익이 창출된다. 이는 콘텐츠 비즈니스에서 적용되는 한계 비용 체감의 법칙 때문이다.

넷플릭스는 2012년 갱스터가 노르웨이 릴레함메르에서 생활하면서 벌어지는 일을 소재로 한 유쾌한 전원생활 드라마 〈릴리 해머Lily Hammer〉를 시작으로 오리지널 작품을 시작했다. 이 드라마는 2014년 시즌3까지 제작했지만 큰 성과를 내지는 못했다. 하지만 2013년 공개한 〈하우스 오브 카드〉가 크게 성공하자, 이를 계기로 넷플릭스의 인지도가 높아졌고 가입자 규모도 급성장했다. 또한 영화 위주의 콘텐츠에서 드라마의 중요성을 인식하고 드라마 제작에 많은 노력을 기울이게 되었다. 테드 서랜도스Ted Sarandos는 "더 많은 콘텐츠가 더 많은 시청을 부르고, 더 많은 시청은 더 많은 구독을, 더 많은 구독은 더 높은 매출을, 더 높은 매출은 더 많은 콘텐츠를 부른다"(Martin, 2018)라고 하면서 선순환 구조를 이야기했다. 다시 말하면, 넷플릭스는 콘텐츠를 추가할 때마다 새로운 가입자를 유도할 뿐만 아니라 넷플릭스의 기존 작품도 더 보게 만든다. 가입자가 넷플릭스의 콘텐츠를 더 많이 볼수록 넷플릭스는 가입자의 시청

습관에 대한 데이터를 더 많이 모을 수 있고, 이것은 앞으로 제작할 콘텐츠의 성공 가능성을 높여준다.

넷플릭스는 오리지널 제작을 더욱 확대할 계획이다. 로컬 콘텐츠 제작을 위해 넷플릭스는 네덜란드 암스테르담, 스페인 마드리드, 독일 베를린, 영국 런던, 프랑스 파리, 벨기에 뷔르셀, 브라질 앨퍼빌, 일본 도쿄, 멕시코시티, 싱가포르, 한국 서울에 사무실을 두고 있다. 2021년 하반기에 이탈리아 로마, 터키 이스탄불, 스웨덴 스톡홀름에 사무실을 오픈할 예정이다(Netflix, 2021b).

둘째, 콘텐츠 경쟁 전략 측면이다. 콘텐츠 산업에 있어서 매우 영향력이 있는 킬러 콘텐츠 또는 텐트폴Tentpole 콘텐츠가 아주 중요하다. 〈프렌즈〉, 〈오피스〉 같은 블록버스터는 플랫폼의 영향력을 좌우하기 때문에 모든 플랫폼은 대작을 독점하고 싶어한다. 일반적으로 오리지널은 신규 가입자를 유입시키고, 라이브러리는 롱테일 법칙처럼 가입자를 유지시킨다. 넷플릭스는 경쟁력 있는 콘텐츠 제작 전략을 추진하고 있다. 넷플릭스 공동 CEO 테드 서랜도스는 콘텐츠의 양보다 질에 방점을 두고 있다. 수적으로 많은 콘텐츠를 공개하기보다는 질적 수준이 높은 콘텐츠를 공개하여 이용자의 만족도를 높이겠다는 의도를 보이고 있다(한국마케팅연구원, 2020: 70). 특히 에미상이나 아카데미상 등에서 작품상을 비롯하여 많은 부문에서 수상하기 위해 엄청난 노력을 기울이고 있다.

넷플릭스 경영진의 확고한 콘텐츠 확보 전략과 더욱 경쟁이 심화되어 가는 OTT 시장 상황을 고려하면, 포스트 코로나 시대에도 경쟁력 있는 킬러 콘텐츠에 대한 넷플릭스의 투자는 지속될 것이다. 넷플릭스는 글로벌 콘텐츠 제작을 위해 2013년 24억 달러에서 2020년 173억 달러를 투입했고, 2021년에도 170억 달러를 지출할 것으로 보인다.[13] 출시 16개

월 만에 가입자 1억 명을 달성한 디즈니+의 급속한 추격 속에서 OTT 경쟁이 심화되고 있기 때문에 넷플릭스는 방영권을 구매하는 것보다 자체 제작에 대한 수요가 더 강할 것으로 예상된다. 넷플릭스의 오리지널 콘텐츠 제작 비중 85%가 2025년까지 유지된다고 가정하면 2025년 넷플릭스의 오리지널 콘텐츠 제작비는 약 204억 달러 수준으로 전망된다 (송민정, 2020: 106).

셋째, 현지화 전략 측면이다. 넷플릭스 이전에 할리우드 스튜디오는 해외에 진출할 때 현지용으로 콘텐츠를 제작하지는 않았다. 완성품을 수출하면 현지에서 더빙하거나 자막을 입혀 서비스하거나 채널을 운영했다. 넷플릭스는 해외 시장 진출 시 현지(로컬)의 콘텐츠 제작자와 제휴하고 현지 국가의 배우와 제작진을 섭외하여 현지 문화적 특색이 강하게 드러나는 오리지널 콘텐츠를 제작하고 있다(민병준·고제경·송재용, 2020: 37). 그래서 넷플릭스가 본국, 해외 현지 국가에서 제작한 오리지널 콘텐츠는 국가별로 계약해야 하는 제약에서 상대적으로 자유로웠기 때문에 글로벌 콘텐츠의 규모와 다양성을 빠른 속도로 확장시킬 수 있는 기반이 되었다. 또한 고품질의 다양한 오리지널 콘텐츠는 외부에서 도입한 콘텐츠의 라이선싱이 끝나는 경우에도 넷플릭스 서비스의 사용가치를 유지시킴으로써 전 세계에서 넷플릭스 가입자를 유지할 수 있게 해주었다(민병준·고제경·송재용, 2020: 38).

넷째, 이용자 만족 측면이다. OTT 서비스는 이용자가 많을수록 콘텐츠가 많아야 한다. 이용자가 많으면 다양한 콘텐츠를 원하기 때문이다.

---

13) https://www.statista.com/statistics/707302/netflix-video-content-budget/

다양한 콘텐츠와 해당 서비스만의 콘텐츠를 전문화하고 특화하는 것이 이용자들의 콘텐츠 만족 형성에 긍정적인 영향을 미치고 지속적인 이용 확산에 효과적이다(유지훈·박주연, 2018: 74). 콘텐츠 다양성이 높을수록 기대를 충족시키며, 기대가 충족되면 이용자 만족이 높아지고, 이용자 만족이 높아지면 지속적인 이용 의도로 이어진다(박희봉·이해수·한동섭, 2020: 39). 이러한 측면 때문에 인터페이스에 대한 만족도가 높은 넷플릭스로서는 콘텐츠 확보가 더 필요하다는 의견이 있다(최혜선·김승인, 2020: 430).

넷플릭스가 한국에서 드라마 제작을 확대하는 이유는 분명하다. 가입자를 확대하고 충성도를 높이기 위함이다. 넷플릭스가 제작한 최초의 한국 오리지널 드라마는 2019년 1월 공개한 6부작 〈킹덤〉이다. 미국 외 국가의 넷플릭스 오리지널 작품 중 가장 많은 제작비가 투입된 작품의 하나로 120억 원이 소요된 초대형 블록버스터 좀비물이다. 미국의 〈워킹 데드Walking Dead〉의 시즌1 제작비가 340만 달러였으므로 〈킹덤〉은 엄청나게 많은 제작비를 사용한 셈이다. 한국에서 영화 〈부산행〉이 2016년에 1000만 관객을 돌파하기는 했지만 좀비물을 드라마로 제작하겠다는 것은 쉽지 않은 결정이었을 것이다. 그럼에도 넷플릭스는 조선시대에 원인 모를 역병으로 좀비가 된 백성들의 처참한 이야기를 제작했다. 이후 영화 〈#살아 있다〉, 드라마 〈스위트홈〉으로 좀비 영화와 드라마가 이어졌다. 그만큼 좀비물이 인기 있다는 반증이다. 김은희 작가가 밝힌 것처럼 넷플릭스는 좀비물이 고정 시청자층이 있다고 보기 때문에 좀비물을 지속적으로 만들고 있다.

드라마 〈킹덤〉을 비롯하여 〈인간수업〉, 〈스위트홈〉, 영화 〈승리호〉 등은 한국뿐만 아니라 전 세계에서 인기가 많다. 넷플릭스는 2021년 전 세계적으로 총 170억 달러(약 19조 3000억 원)를 콘텐츠에 투자할 계획이며, 한국을 콘텐츠 제작·유통의 주요 거점으로 여기고 있다. 넷플릭스가 한국에서 콘텐츠 투자 계획에 대해 밝힌 것을 시간 순서대로 정리해서 내용을 보면 점차 한국 콘텐츠에 대해 자신감을 갖는 경향을 느낄 수 있다.

2015년 9월 국제방송견본시(BCWW 2015)에서 그레그 피터스Greg Peters 넷플릭스 글로벌 사업 총괄책임자는 한국 시장 진출 계획을 공식 발표했다. 리드 헤이스팅스 넷플릭스 CEO는 "콘텐츠는 물론 세계 가전 분야를 선도하는 한국은 아시아 및 세계 시장 확대를 가속화하고 있는 넷플릭스의 성장을 견인할 전략적 거점"이라고 강조했다(박성우, 2015).

2016년 6월 넷플릭스 공동 창립자이자 최고경영자CEO 리드 헤이스팅스와 당시 최고콘텐츠책임자CCO 테드 서랜도스는 서울에서 미디어데이를 열고 "한국에서 자체 제작 콘텐츠를 고려하고 있다"라고 말했다(이경진, 2016). 이때까지만 해도 한국에서 이렇게 많은 제작을 하게 될 줄은 몰랐을 것이다.

2017년 6월 리드 헤이스팅스는 넷플릭스가 전액 투자한 〈옥자〉 개봉 시기에 테드 서랜도스와 한국을 방문했고, 이때부터 넷플릭스는 한국을 단순한 스트리밍 서비스 판매처가 아닌 콘텐츠 제작 허브로 삼겠다는 의지를 줄곧 표명해 왔다. 〈옥자〉 개봉과 함께 한국 가입자가 크게 증가하면서 일본, 대만, 독일, 프랑스, 이탈리아처럼 자체 오리지널 콘텐츠를 제작하고 유통하겠다고 밝혔다(김시균, 2018).

2018년 1월 넷플릭스 신년 기자간담회에서 로버트 로이Robert Roy 콘텐츠 수급 담당 부사장은 넷플릭스의 역할은 "한국 콘텐츠의 팬층을 전 세계로 넓혀주는 것"이며, "넷플릭스는 한국 드라마를 시청해 보지 않은 전 세계 사람들에게 이를 알려주는 좋은 플랫폼"으로 (한국 콘텐츠가) "하나의 장르로 자리매김할 수 있도록 노력하고 있고", "한국 오리지널 콘텐츠를 더 늘려나갈 계획"이라고 설명했다. 또한 제시카 리Jessica Lee 아태지역 커뮤니케이션 총괄 부사장도 "역동적인 제작자들과 뛰어난 이야기꾼들이 있는 한국은 넷플릭스 콘텐츠의 전략적 요충지"라고 긍정적으로 평가했다(오수진, 2018).

2018년 5월 넷플릭스는 싱가포르에서 파견되는 형식으로 운영하던 한국 사무소에서 한국에 상주하는 팀을 가동했다. 이는 영화, 드라마, 예능을 아우르는 국내 콘텐츠 생산과 유통 활동을 본격화한 것이다. 당시 넷플릭스는 "한국 콘텐츠가 한국 이외 국가에서 인기가 높아지고 있는 것에 대한 확신이 상주팀 채용 배경"이라며 "국내 콘텐츠 제작사와 협업해 오리지널 콘텐츠 제작, 라이선스 콘텐츠 공급 등에 집중할 계획"이라고 말했다(김시균, 2018).

2018년 11월 넷플릭스는 싱가포르에서 아시아 최초의 멀티 타이틀 라인업 이벤트인 '넷플릭스가 볼 다음 아시아See What's Next Asia'를 개최했다. 이날 〈킹덤〉을 공식 소개했다. 테드 서랜도스는 넷플릭스가 "각종 언어적·문화적 제약을 뛰어넘고, 보다 좋은 콘텐츠를 통해 전 세계가 함께하는 데 앞장서고 있다"며 "아시아는 이러한 면에서 굉장히 중요한 시장이고 의미를 지니고 있다. 아시아의 독특한 스토리텔링과 글로벌 기술이 만나 특별한 프로젝트로 탄생했다. 이 새로운 시리즈들이 아시아는 물론 전 세계를 만족시키는 콘텐츠들이라고 자부한다"라고 말했다(백솔미, 2018). 또한 "한국은 빠른 인터넷을 갖춘 나라이고, 접근성도 좋다. 그리고 아시아뿐만 아니라 전 세계에서 한국의 드라마와 영화 콘텐츠를 좋아한다. 그래서 더욱 투자하는 것이고, 우리가 발전하고 성장하면서 한국의 더 많은 좋은 감독, 좋은 배우들과 함께 작업하고 싶다" 면서 "한국은 정말 빠른 성장을 하고 있지 않나? 한국은 인프라가 잘 갖춰져 있고 스토리텔링이 대단하다. 앞으로도 적극적으로 한국 시장에 투자할 계획이고, 한국에서 오리지널 드라마와 예능을 기획할 예정"이라고 말했다(박동제, 2018).

2019년 1월 21일 넷플릭스는 〈킹덤〉 제작발표회에서 〈좋아하면 울리는〉, 〈첫사랑은 처음이라서〉 등을 제작한다고 밝혔다(김희경, 2019). 이때부터 드라마 콘텐츠를 본격적으로 제작하기 시작했다.

2019년 3월 '엔터테인먼트의 미래' 행사에서 넷플릭스의 CEO 리드 헤이스팅스는 "좋은 스토리를 철저히 현지화해 '콘텐츠'로 만드는 것에 가장 신경 쓰고 있다"라고 했고, 테드 서랜도스는 "〈킹덤〉은 한국 콘텐츠가 넷플릭스 서비스를 통해 세계적으로 알려진 사례"라고 소개했다(이민정, 2019).

2019년 6월 ≪버라이어티Variety≫와의 인터뷰에서 넷플릭스는 지난 3년간 한국 사업에서 국내 방송사와의 공동 제작, 넷플릭스 자체 제작, 그 외의 제작사 작품 확보 등 세 방면으로 전략을 추진해 왔다고 밝혔다. 오리지널 시리즈 〈킹덤〉은 큰 화제를 불러 모았고, 〈화유기〉, 〈밥 잘 사주는 예쁜 누나〉, 〈김비서가 왜 그럴까〉, 〈알함브라 궁전의 추억〉, 〈로맨스는 별책부록〉 같은 기존 방송사 드라마도 플랫폼에서 인기를 누렸다고 밝혔다(김수빈, 2019).

2019년 11월 넷플릭스는 스튜디오 드래곤의 주식 4.99%를 매수할 권리를 갖고 2020년 1월부터 3년간 21편(연간 7편) 이상을 협력하는 계약을 체결했다. 콘텐츠 제작은 스튜디오 드래곤이 넷플릭스 오리지널 드라마를 제작하여 공급하는 것이고, 방영권 판매는 스튜디오 드래곤이

IP를 보유하고 CJ ENM이 유통권을 보유한 콘텐츠 중 합의한 작품을 넷플릭스에 방영권 형태로 판매하는 것이다(스튜디오 IR자료, 2019.11.21). JTBC도 3년간 프라임타임에 방영한 20여 편의 드라마를 700억 원을 받고 제작 공급하는 계약을 체결했다(끓는 물안의 개구리, 2020).

2020년 5월 테드 서랜도스는 코로나19 팬데믹 상황에서 한국, 일본, 아이슬란드에서 제작이 이루어지고 있다고 밝혔다(The Knowledge, 2020. 5.5).

2020년 9월 넷플릭스는 '넷플릭스 엔터테인먼트'라는 별도 법인을 설립하고 한국에 대한 콘텐츠 제작과 투자를 강화했다. 기존 법인이 OTT 서비스 운영과 가입자 관리, 마케팅 등을 전담했다면 신설 법인에서는 콘텐츠 수급과 제작, 투자, 발굴, 현장 관리 등을 전담한다(서청석, 2020).

2020년 9월 리드 헤이스팅스 CEO는 ≪한국경제신문≫과의 인터뷰에서 "한국 콘텐츠에는 훌륭한 스토리텔링이 있고", "한국 콘텐츠에 대한 투자를 지속할 것"이라고 밝혔으며, "넷플릭스가 한국 콘텐츠로 '신한류 New Korean Wave'의 선봉 역할을 하고 있다"라고도 말했다(김재후, 2020).

2020년 11월 넷플릭스 공동 CEO인 리드 헤이스팅스는 아시아에 오리지널 콘텐츠 제공을 늘리고, 아시아의 큰 시장인 일본, 한국, 인도에 집중하겠다고 밝혔다(Wataru·Hiromi, 2020).

2021년 1월 7일 넷플릭스는 촬영 지원 시설을 갖춘 경기도 파주의 'YCDSMC스튜디오'와 연천에 있는 '삼성 스튜디오'와 계약을 체결하고 3월부터 운영하기 시작했다. 오리지널 제작을 더욱 확대하겠다는 계획으로 볼 수 있다(강영운, 2021).

2021년 2월 25일 김민영 넷플릭스 한국, 동남아시아, 오스트레일리아 및 뉴질랜드 콘텐츠 총괄은 넷플릭스의 콘텐츠 로드쇼 'See What's

Next Korea 2021'에서 "넷플릭스는 2021년 한 해 동안 약 5억 달러, 약 5500억 원가량을 한국 콘텐츠에 투자할 것"이며, 이러한 투자로 "다양한 장르를 아우르는 한국 오리지널 작품을 공개할 예정이다. 전 세계가 즐길 수 있는 한국 콘텐츠를 함께 만들고 국내 제작업계 전반이 동반 성장할 수 있는 후광효과를 만들기 위한 것이 우리의 발걸음"이라고 밝혔다. 그러면서 〈옥자〉, 〈킹덤〉, 〈승리호〉, 〈스위트홈〉 등을 통해 "국경, 문화, 나이, 성별, 라이프스타일의 장벽을 넘어 한국 콘텐츠가 사랑받는 일에 동참하겠다"라고 밝혔다(김예랑, 2021).

2021년 4월 넷플릭스 서울 사무소는 《월간 방송작가》 4월 호에서 "넷플릭스는 스토리 발굴부터 콘텐츠 제작, 현지화에 이르는 전 단계에 걸쳐 국내 창작자들과 지속적으로 교류하며 동반 성장을 도모하고, 전 세계인이 시청하는 K-콘텐츠를 한국에서 한국어로 제작하는 중"이라고 밝혔다. 그러면서 스페인의 〈빌로우 제로Below Zero〉, 폴란드의 〈스퀘어드 러브Squared Love〉, 멕시코의 〈누가 사라를 죽였는가?Who Killed Sara?〉와 함께 한국의 〈승리호Space Sweepers〉를 언급했다(Netflix, 2020: 4). 여기에서도 한국에 투자를 확대하는 근거를 남기고 있다.

2021년 9월 27일(현지 시각) 미국 베버리힐스에서 열린 '2021 코드 컨퍼런스'에서 넷플릭스 공동 CEO인 테드 서랜도스는 〈오징어 게임〉이 넷플릭스 역사상 최고의 시청을 기록한 쇼가 될 가능성이 높다고 언급했다. 실제로 2021년 10월 13일 1억 1100만 명이라는 시청 기록으로, 28일 만에 8200만 명이 시청해 최고 시청을 기록한 〈브리저톤Bridgerton〉의 기록을 깼다(Palotta, 2021).

2021년 9월 29일 넷플릭스 코리아는 서울에서 '넷플릭스 파트너 데이'를 열고, 딜로이트에 의뢰해 만든 「사회 경제적 임팩트 보고서」를 공개했다. 넷플릭스는 5년 동안 〈옥자〉, 〈킹덤〉, 〈스위트홈〉 등을 제작하고, 80편의 한국 작품을 글로벌에 소개하여 국내에서 콘텐츠 제작·배급, 타 콘텐츠 산업, 이종 산업 등에 약 5조 6000억 원의 경제적 파급효과와 1만 6000개의 일자리를 창출했다고 주장했다(딜로이트, 2021).

2021년 6월 넷플릭스의 공동 CEO 테드 서랜도스는 화상으로 열린 반프밴프 월드 미디어 페스티벌Banff World Media Festival에서 봉준호 감독의 영화 〈기생충〉이 오스카상을 수상한 것을 시작으로 한국 콘텐츠에 대한 미국 시청자가 100% 증가했다고 밝혔다. 이는 코로나19 팬데믹 동안에 세계의 콘텐츠를 보는 데 대한 관심이 증가했기 때문이라고 말했다(Vlessing, 2021).

또한 한국 콘텐츠의 장점에 대한 질문에 "넷플릭스는 장르 및 소재의 다양성을 추구하는 것에서 나아가, 한국을 넘어 전 세계인이 공감할 수 있는 콘텐츠의 감성에도 집중하고 있다. 소재는 로컬 할지라도, 콘텐츠를 통해 느끼는 감정은 유니버설 하기 때문이다. 예를 들어, 〈킹덤〉이 그리는 조선 시대 배경은 다소 생소할지라도, 권력을 향한 인간의 탐욕은 세계인이 충분히 공감할 수 있는 요소이다. 훌륭한 이야기는 장르와 언어에 관계없이 모두에게 사랑받을 수 있다는 철학을 갖고 있는 만큼, 전 세계인이 느끼는 감정을 한국만의 스토리텔링으로 선보인 것이 유효했다고 생각한다"라고 답했다.

한국 방송작가에 대해서는 "한국의 창작자들은 훌륭한 스토리텔러로서 탁월한 제작 능력을 갖췄을 뿐만 아니라, 감정의 디테일을 섬세하게 묘사할 수 있는 특별한 감수성을 지니고 있다. 한국 창작자들이 표현하는 인물의 섬세한 감정선은 장르를 불문하고 K-콘텐츠에 쉽게 공감할 수 있는 이유이기도 하다. 사건을 중심으로 단순히 스토리를 이어가는 것을 넘어, 각 인물의 내면을 깊이 이해할 수 있는 신선한 콘텐츠 경험을 선사했기 때문에 전 세계인의 마음을 움직일 수 있었다고 생각한다"라고 했다(넷플릭스 서울 사무소, 2021).

넷플릭스는 모든 콘텐츠의 성과를 공개하지는 않는다. 그래서 한국 드라마의 성과를 확인하는 방법으로 플릭스패트롤flixpatrol.com을 사용한다. 플릭스패트롤은 2015년에 설립된 필름토로Filmtoro라는 브랜드로 123개국의 360개 스트리밍 플랫폼의 VOD 차트를 영화와 TV 쇼로 구분하여 순위를 제공한다. 주된 플랫폼은 넷플릭스, HBO, 디즈니+, 아마존, 아이튠즈iTunes, 구글Google, 판단고Fandango, 훌루, 부두Vudu, IMDb 등이 있다. 플릭스패트롤은 'Top 10'의 순위와 순위 지속 일수 등을 기준으로 점수를 종합 산정해서 순위를 제공한다. 넷플릭스의 경우에는 각국 일일 인기 순위를 활용해 1위는 10점, 2위는 9점, 3위는 8점식으로 부여해 합산한다. 점수는 국가별 차등을 두지 않고 미국이나 한국이나 주어지는 점수가 같다. 많은 국가에서 공개될수록 점수가 올라갈 확률이 높아 넷플릭스 오리지널과 넷플릭스 메인 예고 화면에 오르는 것이 절대적으로 유리하다. 하지만 사이트 운영을 위해 넷플릭스에서 별도로 받는 자료가 없기 때문에 이 순위는 절대적인 인기 순위가 아니라 세계 콘텐츠 제작자와 배급 유통업자, 스트리밍 기업들에 현재 트렌드를 보여준다는 정도의 의미로 받아들여야 한다(이혜훈, 2021).

플릭스패트롤에서 검색하면 넷플릭스에서 한국 드라마는 2020년에 글로벌 톱100 중 10개나 진입했다. 19위 〈사이코지만 괜찮아〉, 32위 〈스타트업〉, 36위 〈더 킹: 영원의 군주〉, 48위 〈청춘기록〉 등이다. 2021년 상반기에도 6위에 오른 〈빈센조〉를 포함하여 42위 〈시지프스〉, 50위 〈경이로운 소문〉 등 10개가 올랐다. 〈구미호뎐〉의 경우 한국 넷플릭스

표 5 넷플릭스 글로벌 톱100 중 한국 드라마 현황

2020년					2021년 상반기				
순위	제목	채널	개봉일	장르	순위	제목	채널	개봉일	장르
19	사이코지만 괜찮아	tvN	2020.6.20	드라마	6	빈센조	tvN	2021.2.20	범죄
32	스타트업	tvN	2020.10.17	코미디	42	시지프스	JTBC	2021.2.17	SF
36	더킹: 영원의 군주	SBS	2020.4.17	SF	50	경이로운 소문	OCN	2020.11.28	판타지
48	청춘기록	tvN	2020.9.7	드라마	55	구미호뎐	tvN	2020.10.7	판타지
59	사랑의 불시착	tvN	2019.12.14	드라마	57	로스쿨	JTBC	2021.4.14	범죄
71	슬기로운 의사생활	tvN	2020.3.12	드라마	66	마인	tvN	2021.5.8	미스터리
73	우리, 사랑했을까	JTBC	2020.7.8	코미디	80	런온	JTBC	2020.12.16	드라마
74	스위트홈	넷플릭스	2020.12.18	호러	88	사랑하면 울리는	넷플릭스	2021.3.21	드라마
91	쌍갑포차	JTBC	2020.5.20	미스터리	94	사랑의 불시착	tvN	2019.12.14	드라마
100	비밀의 숲	tvN	2020.6.10	범죄	97	스위트홈	넷플릭스	2020.12.18	호러

자료: flixpatrol.com

에서는 볼 수가 없는데 글로벌에서는 55위를 기록했다. 전 세계에서 드라마를 제작하고 있는데 그중에서 한국의 드라마가 10개를 차지했다는 것은 어마어마한 성적이다. 지금까지 드라마 하면 할리우드나 영국이었는데, 언어도 다르고 제작비도 절대적으로 낮은 한국의 드라마가 이러한 성적을 냈다는 것은 넷플릭스 입장에서 보면 한국에서 오리지널을 제작하고 한국의 드라마를 구매하는 것이 매우 효율성이 뛰어남을 입증하는 것이다. 또한 한국의 드라마 제작 역량이 세계 수준이라는 것을 말해준다고 할 수 있다. 브런치brunch에 게시된 글이 이러한 점을 대변해준다. "오래전부터 한류의 인기가 높았던 아시아권뿐만 아니라 이집트, 사우디아리비아, 쿠웨이트, 오만, 터키, 모로코 등의 아프리카와 중동국

표 6 아시아 주요 국가 톱 10 중 한국 드라마 현황(2020.6.28 기준)

순위	한국	일본	대만	태국	싱가포르	말레이시아	베트남
1위	사이코지만 괜찮아	사랑의 불시착	사이코지만 괜찮아	사이코지만 괜찮아	쌍갑포차	사이코지만 괜찮아	사이코지만 괜찮아
2위	쌍갑포차	이태원 클라쓰	쌍갑포차	쌍갑포차	사이코지만 괜찮아	쌍갑포차	쌍갑포차
3위	하트시그널		투게더	도깨비	투게더	더 킹	더 킹
4위	슬기로운 의사생활		슬기로운 의사생활	더 킹			도깨비
5위	투게더	사이코지만 괜찮아	더 킹		더 킹		슬기로운 의사생활
6위	나의 아저씨			투게더			투게더
7위	도깨비					사랑의 불시착	응답하라 1988
8위	인간수업		사랑의 불시착	닥터 프리즈너			사랑의 불시착
9위						슬기로운 의사생활	
10위	미스터 션샤인	더 킹	도깨비		슬기로운 의사생활	녹두전	
계	9	4	7	6	5	6	8

자료: 플릭스패트롤.

가에서까지 큰 인기를 얻고 있다. 게다가 한류가 존재하는지도 잘 알려지지 않은 볼리비아, 페루 등 남미 국가와 루마니아와 같은 유럽에서도 큰 인기를 얻고 있다"(끓는 물안의 개구리, 2020).

주요 아시아 국가의 넷플릭스 현황에서는 한국 드라마의 성적이 더욱 좋다. 톱10 중에서 한국 드라마는 4~8개를 차지하고 있다. 2020년 국가별 톱10 중에서 한국 드라마가 대만과 말레이시아는 9편, 베트남은 8편, 필리핀은 7편, 태국과 홍콩은 6편, 일본은 5편이다(허인회, 2021). 표 6은 일본, 대만, 태국, 싱가포르, 말레이시아, 베트남의 넷플릭스에서 2020년 6월 28일 기준으로 상위 10위 중에서 한국 드라마 현황이다. 베트남은 8개나 차지하고 있고 대만 7개, 태국과 말레이시아는 6개, 싱가포르는 5개, 일본은 4개를 차지하고 있다.

이처럼 한국이 아시아 시장으로 향하는 가장 빠른 지름길이기 때문에 넷플릭스의 한국 콘텐츠 투자는 계속해서 늘어날 것이다. 미국과 유럽 시장에서 넷플릭스 가입자는 거의 포화 상태에 달했고, 디즈니+, HBO 맥스 등 경쟁사업자의 진출로 인해 넷플릭스가 느끼는 아태지역 시장의 중요성은 더욱 커지고 있다. 특히 넷플릭스는 인도에서 2020년 12월 아무런 결제 정보를 입력하지 않고도 이틀간 서비스를 이용할 수 있도록 했다(김수현, 2020). 동남아시아에 있어 한국 콘텐츠는 절대적이다. 심지어 한국어를 배울 겸 자막 없이 한국어 그대로 보는 것을 즐기기도 한다.

국내에서도 넷플릭스 오리지널이 방송할 때마다 가입자가 증가하는 것이 눈에 띈다. 〈킹덤〉 시즌1과 시즌2를 비롯하여 〈인간수업〉, 〈스위트홈〉이 대표적이다. 넷플릭스에서 제공하는 톱10에는 항상 7~8개 정도는 한국 콘텐츠이고, 2021년 9월 17일 현재 톱10 중에는 7위 〈메이트〉를 제외한 9개가 한국 드라마와 영화이다. 1위 〈슬기로운 의사생활〉, 2위 〈갯마을 차차차〉, 3위 〈D.P.〉, 4위 〈호텔 델루나〉, 5위 〈체인지 데이즈〉〉, 6위 〈모비딕〉, 8위 〈인사이드 맨〉, 9위 〈돌싱글즈〉, 10위 〈연애의 참견〉이다.

이상에서 본 것과 같이 이러한 성과 때문에 넷플릭스는 한국에서 제작을 확대하고 있다. 이를 통해 넷플릭스는 한국 내 이용자를 새로 유입시키고, 확보한 유료 가입자가 취소하지 않도록 할 뿐만 아니라 글로벌 이용자에게도 저렴한 투자로 양질의 콘텐츠를 제공하고 있다고 할 수 있다. 넷플릭스가 한국에서 드라마 제작을 확대하는 것은 경쟁력 있는 콘텐츠를 저렴하게 제작할 수 있기 때문이라고 할 수 있다.

국내 드라마 시장의 다양하고도 경쟁력 있는 콘텐츠가 해외 시장보다 낮은 제
작비로 제작되기 때문이다. _ ED

지금부터는 필자가 2020년 9월 18일부터 10월 22일까지 넷플릭스 드
라마 제작에 참여한 제작자, 프로듀서, 감독, 작가, 방송사 프로듀서 등
18명을 대면 또는 서면으로 인터뷰한 내용을 중심으로 기술한다. 내용
을 전개하면서 필요한 인터뷰를 삽입했다. 중간에 나오는 도표도 인터
뷰 내용을 통계로 낸 결과이다.

4. 넷플릭스는 국내에서 어떻게 드라마를 확보하나?

앞에서 살펴본 바와 같이 넷플릭스는 한국에서 콘텐츠 투자를 확대하
고 있다. 그중에서도 드라마에 대한 투자가 증가하고 있다. 넷플릭스가
국내에서 드라마를 확보하는 방법은 라이선스 계약을 하여 전송권을 확
보하거나 국내 드라마에 투자를 하여 국내 서비스와 해외 오리지널을
확보하거나 국내외 독점 오리지널을 제작하는 것이다.

1) 넷플릭스의 국내 드라마 확보 방법

넷플릭스는 '규모의 경제'를 통해 국내 콘텐츠 제작 시장에 이전에 볼
수 없었던 규모의 제작비를 투자하여 국내 드라마를 확보하고 있다. 또
한 규모의 경제에 도달하기 위해 아시아-태평양 지역 진출을 추진함에
따라 한국 콘텐츠 수급을 증가시키고 있다(천혜선, 2019).

넷플릭스가 한국에서 제작하는 드라마를 확보하는 방법은 크게 세 가지로 나뉜다. 하나는 넷플릭스가 국내 지상파나 케이블TV에서 방송할 드라마를 국내는 비독점으로 서비스하고, 글로벌은 넷플릭스가 독점하여 넷플릭스 오리지널로 제공하는 경우이다. 이 경우에는 주로 방송사가 저작권을 소유하고, 방송사의 콘텐츠 판매 조직이 넷플릭스에 제안하고 넷플릭스가 확정하는 형태로 이루어진다. 물론 구매 금액은 작품의 상품성이나 서비스 조건에 따라 다르다. 〈미스터 션샤인〉의 경우에는 회당 12억, 총액 280억 원으로 알려져 있다. tvN과 JTBC의 주요 드라마와 KBS, MBC, SBS가 넷플릭스에 공급한 드라마(제1장 **표 3**)가 여기에 해당한다.

〈○○○〉처럼 제작이 (방송사에서 편성이) 결정된 드라마를 (방송사의) 유통 조직이 넷플릭스에 제안하여 국내와 해외 유통권을 판매하였다. _ EE

방송사가 아니라 제작사도 직접 추진할 수 있다. 드라마가 어떤 방송사에서 방송하는 것으로 결정되기 전이거나 방송사와 방송권으로 진행하기로 한 경우에 제작사에서 직접 넷플릭스에 제안하여 구매 결정이 된다. 넷플릭스와의 계약은 제작사가 하는 경우와 방송사(또는 자회사 유통 조직)가 하는 경우로 나누어진다. 방송사와의 계약이 방송사가 권리를 갖는 것으로 정해지면 제작사는 넷플릭스와의 협의 부분을 방송사로 이관한다. 방송사가 권리를 갖더라도 기존에 넷플릭스와 합의된 부분은 제작사가 직접 추진하게 할 수도 있고, 방송사가 이전받아 추진할 수도 있다.

2019년부터 지상파에서 1년에 2편씩 넷플릭스 진출이 가능해졌다. 한한령으로 제작비 회수가 쉽지 않은 상황에서 처음에는 방송사 ○○○와 협의를 진행했고, 최종 추진이 되지 않아 자연스럽게 넷플릭스와 접촉하여 협상에 성공했다. 방송사와 협의하면서 넷플릭스와 비독점 국내 인터넷 전송권과 해외 독점 전송권 계약을 먼저 한 후 방송사와 방송권과 국내 비독점 전송권 계약을 했다. _ FA

다른 하나는 넷플릭스가 제작비를 전액 투자하여 제작사에게 넷플릭스 오리지널을 제작하게 하는 경우이다. 이것은 제작사가 드라마를 기획하여 넷플릭스에 제안하는 경우와 넷플릭스가 기획하여 제작사에 제안하는 경우로 나뉜다.

넷플릭스가 제작비 전액과 10~20%[2021년에는 더 줄고 있다고 하며, 2021년 부산국제영화제를 찾은 한 영화 제작 관계자는 넷플릭스의 제작 수수료가 최저 4%까지 낮아졌다고 밝혔다(윤여수, 2021)]의 이윤을 보장하기 때문에 예산이 많이 들어가는 기획은 지상파나 tvN이나 JTBC보다 넷플릭스를 찾는 경향이 있다. 스토리가 지상파에서 방영하기 어려울 만큼 폭력성이나 노출이 심한 경우 넷플릭스를 먼저 염두에 두는 경우가 많다. 대표적인 예가 〈킹덤〉, 〈인간수업〉, 〈스위트홈〉 등이다.

〈○○○〉는 스토리가 지상파나 케이블에서 하기 어렵다고 생각하여 처음부터 넷플릭스와 하려고 했고, 대본과 기획인을 메일로 보냈고, 넷플릭스에서 연락이 와서 넷플릭스 오리지널로 제작하게 되었다. _ DA

세 번째는 전송권만 구매하여 서비스하는 것이다. 넷플릭스가 한국에 들어오기 전에 방송한 드라마인 〈성균관 스캔들〉(2010), 〈프레지던트〉(2010), 〈감격시대〉(2014) 등이 대표적이다.

넷플릭스가 국내에서 제작을 확대하면서 기획 기능이 강화되고 있다. 그래서 넷플릭스 측에서 제작하고 싶어 하는 장르도 있고, 특정 감독이나 작가, 배우를 신뢰하고 작품을 만들고자 한다.

○○○ 작가가 사극을 하고 싶었는데, 그것도 좀비 사극이라서 (추진할) 플랫폼이 없었다. 이런 상황에서 넷플릭스에서 제안이 왔다. 작가에게 어떻게 생각하냐고 했더니 넷플릭스면 할 만하다고 하고 만나 보겠다고 했다. 미국 본사의 ○○와 한국 직원이 같이 와서 협의하고 진행하였다. _ AA

특정 감독이나 작가를 신뢰하여 작품을 하고자 할 때는 넷플릭스 측에서 먼저 해당 제작사나 감독 또는 작가에게 의뢰한다. 이는 넷플릭스가 할리우드에서 하고 있는 방법과 동일하다.

대체로 제작사와 연출 계약을 하고 드라마 연출을 하는데 〈○○○〉는 넷플릭스와 제작사에게 제안을 받고 연출하게 되었습니다. _ BC

제작사들은 넷플릭스도 드라마를 공급하는 하나의 대상으로 여기고 있다. 플랫폼이 원하는 드라마가 다르기 때문에 그에 맞으면 활용하겠다는 것이다.

어떤 작품은 넷플릭스의 돈을 받아서 해야 하는 것도 있을 거예요. 여러 플랫폼이 있잖아요. 웨이브, 티빙, 쿠팡도 한다고 하더라고요. 기획하는 드라마를 펼쳐 놓고 이것은 웨이브에서 하고, 이것은 티빙에서 하고 …… 이런 전략을 쓸 것인데, 그중에는 넷플릭스에 가야만 하는 콘텐츠가 있을 것이고 그럴 경우 넷플릭스와 하겠다는 것이죠. _ AA

2) 넷플릭스는 어떻게 드라마를 결정하나?

넷플릭스는 한국 방송사와 다르게 드라마를 선정한다. 방송사의 경우 드라마 기획안과 4회분 정도의 대본을 제출하면 이에 대해 드라마 외주 기획 실무검토회의와 기획회의를 거쳐서 작품을 결정하고 이후 제작비 등의 협상을 거쳐서 최종 계약을 하게 된다(유건식, 2013: 77). 기획안을 결정을 할 경우 스토리의 참신성이나 대본의 완성도 등이 주된 요소이기는 하지만, 작가의 명성이나 (예정된) 캐스팅, 제작사의 안정성 등도 주요한 요소로 작용한다.

이와 달리 넷플릭스는 배우나 작가의 명성(네임 밸류)보다는 작품성을 더욱 중요하게 생각한다. 〈인간수업〉이 대표적인 예이다. 진한새 작가는 드라마를 처음 쓰는 신인 작가였지만 넷플릭스에서 물색해 기용했다.

지상파에선 하기 어렵겠다는 생각이 들었다. 드라마를 제작하기 위해 피칭 문서를 준비했다. 10장 정도 분량으로 어떤 작품을 할 것이라는 내용을 담았다. 대본 2개(2회분)와 함께 넷플릭스에 메일을 보냈다. 그러자 검토해 보자는 연락이 왔고, 미팅을 계속 했고, 이렇게 완성된 것이다. _ 윤신애 스튜디오 329 대표(박재환, 2020).

넷플릭스 쪽에서 근본적인 질문부터 던지더라. '어떻게 이 드라마를 할 생각을 하게 된 거냐, 솔직히 한국에서 이런 대본을 받을 줄 몰랐다'면서. 그리고 왜 마약이 아닌 성매매를 소재로 다뤘냐는 질문도 했다. 미국에서는 마약이, 한국에서는 성매매가 심각한 문제인 거다. _ 윤신애 스튜디오 329 대표(임수연, 2020)

반면, 넷플릭스가 국내에서 많은 콘텐츠를 제작하고 있지만 아직 넷플릭스가 드라마를 결정하는 능력이 약하다는 평가도 있다. 이 부분은 양지을 티빙 공동대표가 '비전스트림 간담회'에서 "특히 K-콘텐츠가 티빙의 가장 큰 무기이다. 넷플릭스나 디즈니가 우리만큼 K-콘텐츠를 잘 만드는 날은 아직 오지 않았으며 앞으로도 오지 않을 것"이라고 강조한 데서 엿볼 수 있다(강소현, 2021).

지금 넷플릭스에서도 한국 드라마 기획을 하고 싶어 하지만 전문가는 아니다. 그래서 한국의 제작사에 의존할 수밖에 없다. _ AA

요즘에는 제작사가 넷플릭스에 기획안을 보내면 최소 2개월은 소요된다고 한다. 그렇기 때문에 이러한 의견이 나오는 것 같기도 하다.

3) 국내 드라마 제작자들은 왜 넷플릭스 드라마에 참여하기를 원하나?

현재 넷플릭스가 국내 드라마 제작에서 주도권을 쥐고 있다고 볼 수 있다. 필자는 2020년 9~10월에 걸쳐 넷플릭스 드라마를 제작한 국내 드라마 제작진 18명을 대상으로 심층 인터뷰를 실시했다. 향후에도 넷플릭스 드라마에 참여하기를 원하는지에 대한 질문에 '하고 싶은 의향'이라는 답이 83.3%(15명)로 거의 대부분이었다. 반면, '하고 싶지 않은 의

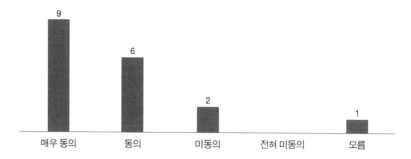

그림 7 향후 넷플릭스 드라마에 참여하고 싶은 의향(동의 15명, 미동의 2명)
자료: 유건식(2020).

향'은 11.2%(2명)에 불과했다.

넷플릭스 드라마에 참여하기를 원하는 이유로는 안정적인 제작비, 오픈된 소재, 작품에 대한 몰입, 짧은 러닝타임, 시청률 부담 해소, 글로벌 진출, 시즌제 등을 들고 있다.

국내 드라마 제작사들이 넷플릭스와 드라마를 하고 싶어 하는 첫째 이유는 제작의 안정성이다.

요즘 힘들게 변화하는 국내 드라마 시장의 열악한 상황을 생각하면 안정적이고 충분한 제작비 확보가 우선이라고 생각해서이다. _ ED

다양한 시도를 할 수 있고 안정적인 자본의 확보가 가능하다. _ BC

현재 한국에서 제작할 수 있는 드라마의 방식에서는 가장 안정적이고 작품에만 신경 쓸 수 있는 구조이다. _ CA

둘째, 오픈된 소재와 제작의 여유이다. 전형적인, 틀에 박힌 소재가 아니어도 되고 상당한 경력이 없어도 가능하다.

더 많은 종류의 창작이 가능하다. _ DD

시간적인 여유가 있고 좋은 작품 선호에 대한 참여가 가능하다. _ DD2

제작의 안정성, 독특한 이야기, 신인 작가 및 배우에게 기회 제공 등이 가능하다. _ DA

셋째, 기존의 틀에서 벗어나서 제작을 할 수 있다. 기존 방송과 달리 심의에서 훨씬 자유롭고, 매회 시청률이라는 스트레스 없이 제작할 수 있다.

충분한 제작비와 시간을 가지고 작업할 수 있고 심의에 상관없이 창작 제작물을 제한 없이 만들 수 있다. _ CD

이제는 별다른 의미가 없지만, 여전히 큰 스트레스로 작용하는 시청률이란 잣대에서 자유로울 수 있다는 이유만으로도 넷플릭스 제작에 참여하고 싶다. _ EC

넷째, 시장의 변화에 대한 순응이다. 시청 패턴이 변하고 글로벌로 손쉽게 진출할 수 있다. 이러한 점들 때문에 넷플릭스에 대한 국내 제작사의 의존은 상당 기간 지속될 것이다.

시청자의 시청 패턴이 변화했고, (이런 면을 반영하여) 글로벌 경쟁력을 가질 수 있다. _ EE

OTT는 거스를 수 없는 대세이고, 넷플릭스는 그 선두에 있기 때문이다. _ FC

향후 2~3년 동안은 넷플릭스에 대한 의존도가 높을 것으로 판단된다. _ EA

다섯째, 미국처럼 시즌제 도입이 가능하다. 그동안 국내에서 시즌제를 시도하려고 했으나 잘 안 되다가 SBS의 〈펜트하우스3〉, tvN의 〈슬기로운 의사생활2〉, TV조선의 〈결혼작사 이혼작곡2〉, 〈보이스4〉 등 시즌제가 활발히 이뤄지는 것도 넷플릭스를 대표로 하는 OTT의 영향으로 볼 수 있다.

소재에 대해 열린 점이 있고, 러닝타임이 짧으며 시즌제가 가능하다. _ BB

최근 콘텐츠가 많이 생기다 보니 화제작을 시즌제로 편성해 경쟁력을 확보하려는 경향도 있다. …… 해외에서는 시즌제 드라마가 많은데, OTT를 통해 우리나라 시청자들도 시즌제를 많이 접하다 보니 거부감이 없다. 앞으로도 시즌제 드라마가 더 많아질 것이다. _ 최영균 대중문화 평론가(김가영, 2021)

그럼에도 일부 국내 드라마 제작진은 국내 방송사의 드라마를 하지 못하는 데 대해 아쉬움을 내비쳤다. 제작비가 주된 고려 요소이지만, 마음속으로는 한국 드라마의 성장을 응원하고 있다고 볼 수 있다.

제작비 면에서는 넷플릭스와 손을 잡는 게 맞지만, 뭔가 토종 OTT라든가 국내 자본으로 드라마 제작비가 확보되지 못하는 것은 찜찜합니다. _ FE

반면, 넷플릭스 드라마에 참여하고 싶지 않은 이유로는 한국 제작사가 넷플릭스에 종속되고 하청업체로 전락될 수 있다는 것에 대한 거부감이 있다.

〈○○○〉은 넷플릭스와 하지 않았다. 그들의 선택에 좌우되기보다는 우리가 원하는 구조로 만들려고 노력하고 있다. 그래야 살아남는다고 생각한다. 끌려 다니면 안 된다고 생각한다. _ AA

드라마 제작은 창의산업인데 하청 구조로는 참여하기 어렵습니다. _ FA

좋은 제작 환경과 글로벌 시장을 겨냥한 대작을 제작하고 싶지만 이게 남 좋은 일만 하는 거 같다. _ FB

5. 넷플릭스는 어떠한 드라마 스토리를 선택하나?

일반적으로 장르의 구분은 매우 중요하다. 작품을 선택할 때 중요한 요인이기 때문이다. 넷플릭스는 기존의 장르 분류를 깨고 더욱 세분화되고 통합적인 분류를 하는 것으로 유명하다. 로컬 드라마를 제작할 때 넷플릭스는 오리지널과 구매작을 다른 기준으로 선정하고 있다. 또한 빅데이터를 기본으로 넷플릭스 시청자에 소구하는 작품과 상업성을 기준으로 한 작품을 추천하고 있다.

넷플릭스는 다양한 스토리를 제작하여 시청자의 선택권을 넓혀왔고, 글로벌 기업임에도 로컬도 매우 중요하게 생각한다. 넷플릭스의 드라마는, 한국 방송사에서 방송하지 않고 넷플릭스에서만 공개하는 넷플릭스 오리지널과 한국 콘텐츠를 구매하여 넷플릭스에서 서비스하는 라이선싱 드라마로 크게 구분된다.

넷플릭스에서만 공개하는 드라마인 넷플릭스 오리지널은 한국 지상파에서 방송하기 어려운 소재를 주로 선택한다. 반면, 넷플릭스가 수급하는 콘텐츠는 캐스팅이 화려한 멜로를 선호한다. 국내 지상파나 종편, 케이블 등에서 방영한 콘텐츠를 구매하여 국내 온라인에서는 비독점으로 서비스하고 해외에서는 독점으로 유통하고 있다.

일반적으로 지상파 TV에서 드라마를 결정할 때는 많은 시청자가 봐서 시청률이 높을 만한 드라마를 선택한다. 그러나 넷플릭스는 연령 구분 없이 누구나 많이 보는 드라마보다 타깃층을 향한 스토리에 더 의미를 둔다.

넷플릭스는 많은 사람이 보는 것은 의미가 없다. 처음에 넷플릭스를 만났을 때 왜 좀비물을 하려고 하느냐고 물어보니 넷플릭스에서 이야기하기를, 좀비물은 풀어놓으면 전체 가입자 중에서 10%는 무조건 본다고 답변했다. 5~10%가 무조건 보는 장르가 있다면 콘텐츠를 만든다고 한다. 지상파에서는 시청률이 5%, 10%가 나와야 하기 때문에 이런 장르는 안 된다. _ AA

넷플릭스가 한국에서 수급하는 드라마를 넷플릭스에서만 볼 수 있는 넷플릭스 오리지널과 넷플릭스에서 투자하여 확보하는 구매 오리지널로 구분한다면, 대체적으로 넷플릭스 오리지널은 기존 방송사에서 방송하기 어려운 소재를 택하고, 구매 오리지널은 한국에서 인기 있을 스토리를 선택하는 경향이 있다.

오리지널의 경우는 독특한 것을 찾고, 구매의 경우 아시아 시장에서 인기가 있을 법한 캐스팅 및 멜로 스토리를 선택하는 것 같다. _ DA

넷플릭스 오리지널은 지상파에서 하기 어려운 소재, 독특한 내용, 자극적인 스토리, 창의적인 작가의 작품, 글로벌에 통할 아이템, '센' 스토리 등을 선호한다. 〈킹덤〉, 〈인간수업〉, 〈스위트홈〉, 〈보건교사 안은영〉 등이 대표적이다.

넷플릭스는 지상파에서 선택하지 않는 소재를 선호한다. _ BB

정확히 어떤 스토리라기보다는, 다양한 경쟁력 있는 장르 중에 (독특하여) 후킹Hooking할 수 있는 콘텐츠를 선택한다. _ ED

심의에 민감하게 반응하지 않으니 조금 더 자극적이고 사실적인 스토리를 선정한다고 생각한다. _ CD

한국에서 할 수 없는 모든 작품이나 새로운 창의력에 도전하는 작가의 작품을 찾는 것으로 알고 있다. _ DD2

한국 드라마에서는 보지 못했던 참신한 아이템 또는 글로벌한(최소 아시아에

서 통하는) 아이템을 선택하는 것 같다. _ CA

넷플릭스 오리지널의 경우 SF, 호러 등 장르성이 분명히 두드러지거나 범죄나 동성애 등 소위 지상파에서 보기 힘든 '센' 소재의 스토리를 선호한다고 생각한다. _ FC

독특한 소재의 스토리와 프로듀서 개인의 취향이 있는 드라마를 선호한다. _ FB

넷플릭스의 구매 오리지널의 경우에는 한국식 로맨틱 코미디나 트렌드와 재미가 접목된 스토리를 선호한다. tvN 〈미스터 선샤인〉, KBS2 〈동백꽃 필 무렵〉, SBS 〈더 킹: 영원한 군주〉 등이 대표적이다.

넷플릭스는 새롭고 신선한 기획, 한국식 로코 등 한류 콘텐츠를 선호한다. _ BC

넷플릭스가 글로벌한 소재(좀비, 역사, 독창성)를 좋아한다 생각했던 시절이 있었으나 현 상황을 주시해 보면 꼭 그런 것만은 아닌 듯합니다. 파격적인 이야기나 로코 등 트렌드와 재미가 접목된 작품이라면 다 좋아하는 듯합니다. _ EA

반면에 넷플릭스가 스토리를 선택할 때 특별한 구분이 있는 것이 아니라 선택하는 사람의 기준이 중요하다는 의견도 있다.

넷플릭스가 특별히 아이템에 제한을 둔다고 생각하지는 않는다. _ EE

빅데이터를 통해 스토리와 작가나 감독을 선정하기 때문에 넷플릭스가 좋은 드라마를 선택하고 흥행을 시킨다고 하지만, 작품성이 없는 경우도 많고 조용히 끝내는 경우도 빈번하다.

〈하우스 오브 카드〉, 〈오렌지 이즈 더 뉴 블랙Orange Is the New Black〉 같은 흥행작도 콘텐츠 유통 판매로 돈을 벌지는 못했다. 직접 〈마르코 폴로 Marco Polo〉의 해외 유통을 진행하며 꾸었을 원대했던 초기의 꿈과는 달리, 넷플릭스는 결국에 '끝'이라는 그 어떤 공지도 없이 돌연 〈마르코 폴로〉의 제작을 중단하며 1억 명이 넘는 가입자들에게 무책임함의 극치를 보였다 (노가영·조형석·김정현, 2020: 47).

6. 넷플릭스는 드라마의 저작권을 어떻게 배분하나?

저작권은 콘텐츠 산업에서 매우 중요한 부분이다. 저작권을 통해 스토리를 확장하고 부가 수입을 창출할 수 있기 때문이다. 대표적인 것이 마블 시너매틱 유니버스Mavel Cinematic Universe이다. MCU는 〈아이언맨Iron Man〉, 〈인크레더블 헐크The Incredible Hulk〉, 〈토르Thor〉, 〈캡틴 아메리카 Captain America〉, 〈앤트맨Ant-Man〉, 〈닥터 스트레인지Doctor Strange〉, 〈스파이더맨Spider-Man〉, 〈블랙 팬서Black Panther〉, 〈호크아이Hawkeye〉 등 "마블 코믹스의 만화 작품에 기반하여, 마블 스튜디오가 제작하는 슈퍼히어로 영화를 중심으로 드라마, 만화, 기타 단편 작품을 공유하는 가상 세계관이자 미디어 프랜차이즈"이다.[14] 제작 방식은 "마블 스튜디오 회장 케빈 파이기Kevin Feige를 필두로 하는 제작위원회가 전체적인 스토리 진행 플롯을 짜두고 각 단계의 영화를 감독에게 맡겨 제작하는 형식을 취하고 있다. 이 때문에 제작되는 모든 영화, 드라마, 단편 영화들이 연결점을 가지고 있으며, 동일한 시간선상에서 진행되어 간다. 즉, A라는 영화에서 벌어진 사건이 B라는 영화와 C라는 드라마에도 영향을 끼치는 형태로, 적극적이면서도 정연하게 세계관을 확장해 나가며 업계에 유례없는 스탠더드를 세웠다"라고 한다.[15]

> 유튜브의 저작권 기준은 기본적으로 제작자에게 있으며 이 점이 유튜브의 성공 비결 중 하나이다. 스튜디오 모델이 활성화하면 과거 지상파 방송사에서 독점했던 콘텐츠 저작권이 자연스럽게 제작사로 옮겨가게 돼 양질의 콘텐츠 생산에 기여할 수 있을 것이다. _ 이택광 문화평론가 겸 경희대 글로벌커뮤니케이션학부 교수(이민아, 2019b)

그동안 국내에서 드라마 외주 제작이 이루어지면서 기획과 제작은 제작사가 하는데 권리는 방송사가 소유하는 것이 불공정 관행이라고 주장되고는 했다. 점차 제작비가 증가하면서 제작사 쪽으로 권리와 수익 배분의 비율을 높이는 일이 증가하고 있다. 그러나 넷플릭스가 국내에 진출하면서 그나마 기존 방송사와 제작사 간에 이루어지던 이러한 권리 관행이 오히려 퇴행하는 측면이 있다. 넷플릭스 오리지널 계약은 저작

---

14) https://ko.wikipedia.org/wiki/마블_시네마틱_유니버스
15) https://namu.wiki/w/마블%20시네마틱%20유니버스

권을 독점하고, 구매 계약은 계약 기간이 10년으로 알려져 있다. 제작사들은 넷플릭스가 많은 제작비를 지급하고 일정 이윤을 보장하고 있어서 넷플릭스를 선호하고 있지만, 한편으로는 저작권을 독점하는 데 불만도 존재한다. 2021년 디즈니+를 포함하여 HBO 맥스, 애플TV+ 등이 국내 진출을 추진하면서 한국 오리지널 제작을 추진하고 있다. 글로벌의 수요가 증가하기 때문에 국내 제작사들에는 저작권에 대한 합리적인 배분을 요구할 수 있는 절호의 기회가 온 셈이다.

1) 한국 드라마 시장의 권리 관계

한국콘텐츠진흥원이 발간한 「2020 방송 프로그램 외주제작 거래 실태 보고서」는 저작권 권리 귀속을 저작재산권 I(방송권, 전송권, 디지털 음성 송신권, 복제권, 배포권, 공연권, 전시권), 저작재산권 II(2차적 저작물 및 편집저작물 등의 작성권), 자료이용권, 국내 판매권, 해외 판매권으로 나눈다. 드라마의 경우 권리 귀속 비율은 방송사가 75%, 제작사가 13%, 방송사/제작사 공유 13% 정도로 나타났다.

2020년 8월 13일부터 10월 16일까지 엠브레인퍼블릭이 진행한 설문조사에서 15개의 드라마 제작사가 응답한 결과를 보면, 드라마 권리에 대한 귀속 비율은 저작재산권 I은 방송사 75.3%, 제작사 13.3%, 방송사/제작사 공유 13.3%로 나타났고, 저작재산권 II는 방송사 68.8%, 드라마 제작사 20.0%, 방송사/제작사 공유 13.3%로 나타났다. 자료이용권은 방송사 73.3%, 드라마 제작사 13.3%, 방송사/제작사 공유 13.3%로 나타났고, 국내 판매권은 방송사 80.0%, 드라마 제작사 13.3%, 방송사/제작사 공유 6.7%로 나타났으며, 해외 판매권은 방송사 73.3%, 드라마 제

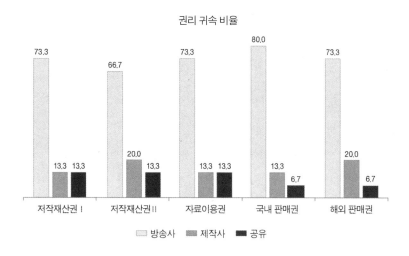

권리 귀속 비율

73.3 저작재산권Ⅰ 방송사 / 13.3 제작사 / 13.3 공유
66.7 저작재산권Ⅱ / 20.0 / 13.3
73.3 자료이용권 / 13.3 / 13.3
80.0 국내 판매권 / 13.3 / 6.7
73.3 해외 판매권 / 20.0 / 6.7

방송사　제작사　공유

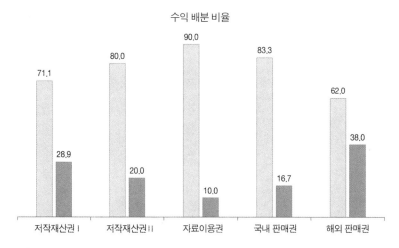

수익 배분 비율

71.1 저작재산권Ⅰ / 28.9
80.0 저작재산권Ⅱ / 20.0
90.0 자료이용권 / 10.0
83.3 국내 판매권 / 16.7
62.0 해외 판매권 / 38.0

그림 8 드라마 저작권 권리 귀속 및 수익 배분 비율
자료: 한국콘텐츠진흥원(2020: 29~46).

작사 20.0%, 방송사/제작사 공유 6.7%로 나타났다.

드라마의 경우 수익 배분은 상당히 높은 상태이다. 드라마 권리 귀속
에 따른 수익 배분 지정 비율은 저작재산권Ⅰ 기반 수익 93.3%, 저작재

산권 II 기반 수익 80.0%, 자료이용권 기반 수익 66.7%, 국내 판매권 기반 수익 80.0%, 해외 판매권 기반 수익 66.7%, 방송사가 유치한 협찬 수익 60.0%, 제작사가 유치한 협찬 수익 86.7%로 나타났다.

수익 배분 비율은 저작재산권 I 기반 수익은 방송사 71.1%, 제작사 28.9%로 나타났고, 저작재산권 II 기반 수익은 방송사 80.0%, 드라마 제작사 20.0%로 나타났다(한국콘텐츠진흥원, 2020: 41). 자료이용권 기반 수익은 방송사 90.0%, 드라마 제작사 10.0%로 나타났고, 국내 판매권 기반 수익은 방송사 83.3%, 드라마 제작사 16.7%로 나타났으며, 해외 판매권 기반 수익은 방송사 62.0%, 드라마 제작사 38.0%로 나타났다. 방송사가 유치한 협찬 수익은 방송사 66.75%, 제작사 33.3%였고, 제작사가 유치한 협찬 수익은 방송사 37.7%, 제작사 62.3%였다.

15개 드라마 제작사 중에서 5개를 선정하여 심층 인터뷰한 결과(한국콘텐츠진흥원, 2020: 34)에서 권리 귀속에 대한 견해를 보면 제작사의 불만은 있으나 저작권을 방송사나 제작사가 갖는 형태가 일반적이고, 수익 배분은 대부분 이루어지고 있다.

제작 기여도에 따른 저작재산권 인정이 표준계약서의 핵심 내용이라고 생각하지만 실상은 다름. 방송사가 제작비를 100% 충당하고 저작재산권을 모두 가져가거나, 방송사의 제작비 투입이 어려울 경우 처음부터 제작사에 저작재산권이 귀속되거나 하는 경우만 존재하고, 기여도를 산정하고 협의하는 과정은 사라짐. 프로그램에 대한 권리 귀속처가 방송사와 제작사 중 한 곳으로 지정되며, 수익 배분 이슈만 남음. _ 드라마 B 제작사

프로그램에 대한 권리 일부가 제작사에 귀속될 경우, 방송사가 지급하는 전체

제작비 규모가 현저하게 감소함. _ 드라마 C 제작사

2005~2015년에는 제작사가 직접 해외 파트너를 구해서 제작비를 어느 정도 마련할 수 있었고, 방송사에 프로그램에 대한 권리 요구가 가능했음. 그러나 지금은 해외 시장이 막혀 있고 방송사 제작비에 대한 의존도가 높아져 제작사의 발언권이 축소됨. 일부 대형 제작사의 경우, OTT와의 거래를 통해 제작비를 보전받을 수 있지만 그렇지 않은 대다수의 제작사는 스튜디오나 방송사업자에 의존할 수밖에 없는 상황. _ 드라마 C 제작사

2010년 정도에는 일본이 해외 판매의 50~60%의 비중을 차지할 만큼 큰 시장이었는데 지금은 이런 거대 시장이 사라졌음. 글로벌 OTT와 파트너십 계약을 체결하거나, 오리지널 콘텐츠를 제작할 만한 규모가 되지 않는 제작사의 경우 기존 방송사업자와의 거래만을 바라볼 수밖에 없는 상황이며, 방송사가 제작비를 부담한 드라마에 대해 권리 주장이 어려운 것이 현실. _ 드라마 A 제작사

문체부 표준계약서에도 제작기여도 개념이 등장하는데 외주 제작 계약에서 방송사는 내부 PD 파견, 기존 네트워크를 활용한 콘텐츠 수출 담당 등 주로 연출·영업 부문에서 기여도를 형성함. 또 제작비 절감 차원에서 방송사업자가 일부 장비를 사용하게 하는 등 인프라를 제공하면서 기여도를 쌓는데, 이를 기여도 차원에서 논의하는 것은 적절하지 않음. 이 외 모든 제작 부분은 제작사가 처음부터 끝까지 맡아 진행하나 제작기여도를 크게 인정받지 못하고, 그에 맞게 권리 배분이 이루어지지 않는 경우가 있음. _ 드라마 E 제작사

드라마의 권리 귀속 대상에 대한 제작사의 동의 수준은 5점 만점에

3.53으로 2019년 3.2에 비해 0.33p가 상승하여 드라마에 대한 권리 귀속은 양호한 것으로 볼 수 있다(한국콘텐츠진흥원, 2020: 40, 52). 또한 수익 배분 비율에 대한 합의 정도는 3.53으로 나타나 합리적으로 결정되는 것으로 볼 수 있다.

그러나 넷플릭스 오리지널은 넷플릭스가 전적으로 권리를 독점하는 것이 원칙이다. 이렇게 플랫폼이 저작권을 독점하면 창작자의 권리가 위축된다.

2) 넷플릭스 드라마의 권리 관계

한국 드라마 시장의 권리 관계는 일본이나 중국과의 정치 지형으로 인해서 해외로부터의 수익의 확장에 한계를 겪으면서 자연스럽게 제작사에 유리한 방향으로 진행이 되고 있었다. 그러나 넷플릭스가 진출하면서 제작사에게는 주문자 생산이라는, OEM^{Original Equipment Manufacturer}으로도 불리는 새로운 한 축이 형성되고 있다.

> (넷플릭스 같은) 디지털 미디어 플랫폼 서비스가 우리 일상을 지배했으며, 코로나19 사태로 더욱 두드러지게 부각됐다. (이러한 플랫폼이) 콘텐츠 접근을 용이하게 만드는 장점이 있지만, 플랫폼 지배력이 너무 강해져 창작자의 권리가 축소되고 쏠림 현상이 심화할 우려를 낳는다. _ 이동연 한국예술종합학교 교수(양승희, 2020)

스튜디오 드래곤과 넷플릭스는 2019년 11월 전략적 파트너십을 체결했다. 이 계약서에 특약으로 방영권 요율, 제작비 지원, 리쿱^{Recoup}(제작비 회수) 오리지널 제작 마진 등이 규정된 것으로 알려졌다. 3년간 21편을 공급하기로 되어 있고, 그 21편에 대한 권리 부분을 보면 저작재산권을 스튜디오 드래곤이 넷플릭스에 양도하고, 양도하는 저작재산권에는 복제권, 공연권, 공중송신권, 전시권, 배포권, 대여권, 2차적 저작물 작성권이 포함된다. 상표 출연권, 디자인 출연권, 기타 지식재산권은 추후 협의하는 것으로 되어 있다(이영대, 2020: 37).

저작권에 대한 우려는 일본도 마찬가지이다. 일본의 애니메이션 업체들이 한국과 마찬가지로 넷플릭스와 신규 애니메이션을 추진하거나 지브리처럼 일본과 미국을 제외하고 넷플릭스에 독점권을 주기도 한다. 이에 일본의 애니메이션 업계에서는 애니메이션 업계가 넷플릭스 같은 미국의 대자본에 종속되고 있다는 우려의 목소리가 나오고 있다(박정훈, 2019).

반면, 일본에서는 2차 저작물작성권을 제작사에 부여한다. 넷플릭스는 작품의 단독 방영권만을 가져가거나 혹은 2차 창작물 활용 권한을 공유한다(박정훈, 2019). 앞으로 한국에서도 이러한 면을 잘 활용해야 할 것이다.

넷플릭스 오리지널의 경우 좋은 성적을 거둘 때도 추가적인 수익을 기대할 수 없는 실정이다. 이화정 NH투자증권 연구원에 따르면 2020년 말 세계 13개국에서 넷플릭스 인기 순위 1위에 오르고 미국·유럽 등 서구권에서도 흥행한 〈스위트홈〉은 "확정 수익 20%가 보장되는 구조인 만큼 영업이익 기여도가 높을 것으로 기대했으나 실질 마진율은 10% 초반에 그쳤다"라고 말하며 이는 작품의 완성도 향상을 위해 VFX(시각효과visual effects)에 추가 지출한 것이 요인이라고 분석했다(박종오, 2021).

〈스위트홈〉은 제작비가 회당 30억 원씩 10회로 총 300억 원이다. 이

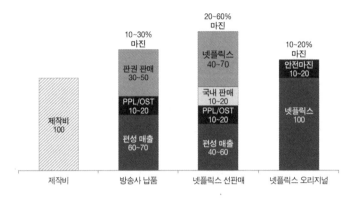

그림 9 드라마 수익 구조
자료: 이현지(2020).

런 드라마는 오리지널 콘텐츠의 경우 넷플릭스가 제작비를 지원하고 지식재산권(IP)을 가져가는 대신 제작비의 10~20%를 제작사 마진으로 보장하는 것이 일반적이다. 사실상 넷플릭스가 드라마 제작에 투자하고 제작사는 공급만 하는 구조이다. 이 계약에서는 만약 드라마가 홍행해도 제작사가 넷플릭스와 미리 약속한 마진 외에 추가로 이익을 얻기 어렵다.

그림 9는 드라마 권리 관계에 따르는 수익구조를 보여준다. 제작비를 100으로 했을 때, 방송사에 납품하면 10~30% 이윤이 남고, 넷플릭스에 선판매를 하면 20~60% 순익이 발생하지만, 넷플릭스 오리지널은 10~20%의 마진밖에 남지 않는다. 이것을 보면 넷플릭스 오리지널이 넷플릭스가 100% 제작비를 부담하고 안전한 마진을 보장하지만, 넷플릭스 선판매에 비해 수익성이 높지는 않다는 것을 알 수 있다(이현지, 2020).

또한 한국에서 제작하는 넷플릭스 오리지널은 하청을 뜻하는 OEM이 아닌 ODM^{Original Design Manufacturing}이라는 주장에 의하면 넷플릭스가 모든 저작권을 갖는 것은 문제가 있다. OEM은 주문자가 기획하고 제작사는 생산만 하여 주문자의 상표로 출시가 되는 것이다. 반면, ODM은 하청업체가 제품의 개발과 생산을 모두 담당하는 방식으로 OEM 대비 부가가치가 높아 로열티 수익이 있다(구본권, 2010). 일반적으로 ODM의 수익률은 30%이고 한국의 넷플릭스 오리지널은 ODM에 해당하기 때문에 추가적인 수익이 보장되어야 할 것이다.

결과적으로 제작사는 넷플릭스를 통해서는 PPL이나 협찬을 할 수 없으므로 총수익이 유리한 방향을 택할 것이다. 제작사가 드라마를 제작할 때, 저작권을 확보할 만큼 예상되는 수익성이 높다면 방송사와 방영권 계약을 체결하여 드라마를 제작할 것이고, 제작비가 많이 들고 수익에 대한 리스크가 크면 넷플릭스와 드라마를 추진하는 전략이 바람직하다.

3) 넷플릭스 오리지널의 저작권 독점에 대한 제작자들의 의견

제작자들은 넷플릭스 오리지널의 경우 저작권을 독점하는 것에 대해 대체로 부정적인 의견을 피력하고 있다.

중국, 일본 시장이 막혀 있는 상황에서 OTT가 대안 시장이 되고 있음. 그러나 오리지널 콘텐츠 제작 시 IP는 OTT 업체에 귀속되기 때문에 무조건 좋은 거래라고 할 수는 없음. _ 드라마 C 제작사(한국콘텐츠진흥원, 2020: 108)

넷플릭스의 저작권 독점에 대해서는 2018년부터 외주제작사 대표 등 제작전문가를 인터뷰한 결과 동일한 문제가 제기되었고, 이는 여전히 지속되고 있다(노창희·이찬구·성지연·이수연, 2018: 55).

넷플릭스는 제작비를 100% 지급하고(무리한 협찬 불필요), 안정적인 제작 환경을 마련해 주어 다양하고 퀄리티 높은 프로그램 제작이 가능. 또한 프로그램을 제작하는 데 과도하게 관여하지 않고 제작사에 맡기는 구조이며, 투자 규모 또한 한국 콘텐츠 업계의 10배에 달하는 규모. 제작사 입장에서는 넷플릭스의 투자를 받아 프로그램을 제작하고자 하는 유인이 높기 때문에 방송사 중심의 국내 제작 환경의 질적인 변화를 이끌 수 있을 것. 그러나 넷플릭스는 수익 배분 9:1 구조와 해외 판권 독점 형태의 계약을 맺어 제작사는 안정적인 수익을 확보하는 대신 추가적인 수익을 기대하기 어려운 구조. 넷플릭스의 오리지널 콘텐츠의 경우에는 극본에 대한 저작권까지 넷플릭스가 소유. _ 전문가 A(제작사 협회)

넷플릭스 등 해외 거대 제작사는 많은 제작비를 투자하여 국내에서 드라마 제작을 많이 하고 있는데, 단기적으로는 제작사의 기업 이윤을 보장하지만 장기적으로는 저작권을 모두 가져가기 때문에 결국에는 근간을 흔드는 행위이며, 그 결과는 결국 하청. 문제는 국내에서만 국내 제작 콘텐츠에 대한 저작권을 인정하지 않는 것. 해외에서는 해외 제작사와 저작권을 나눠 가지는 구조. 해외에서는 권리 배분을 하지 않으면 제작사가 콘텐츠를 제작하지 않는데, 우리나라는 그렇지 않은 구조적 문제 때문이기도 함(국내 제작사 및 지상파, 종편 사업자들도 권리 배분하는 경우 거의 없음). 해외 거대 자본(중국 시장)이 막히면서 넷플릭스 등 거대 제작사에 의존하는 형태가 더욱 심화되고 있음. _ 전문가 B(독립제작사 협회)

우려할 만한 점은 손쉽게 넷플릭스와 거래하고 큰돈을 벌어들이면서, 한국 기업들이 다양한 글로벌 유통 채널을 확보해 갈 수 있는 역량을 잃어갈 수도 있

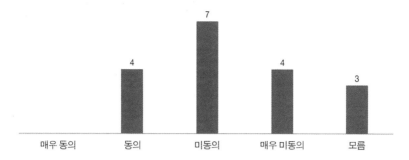

그림 10 넷플릭스가 모든 권리를 소유하는 것에 대한 의견(동의 4명, 미동의 11명)
자료: 유건식(2020).

다는 점임. 그렇게 되면, 국내 콘텐츠사와 방송사는 넷플릭스에 종속되게 될 우려가 있어, 다각도로 대비하면서 거래해야 할 것임. _ 전문가 J(학계)

필자가 2020년 인터뷰한 결과 넷플릭스가 모든 권리를 소유하는 것에는 제작자의 61.1%(11명)가 반대하고, 22.2%(4명)가 동의하여 반대가 훨씬 많다.

넷플릭스가 제작비 전액과 일정 비율의 이윤을 보장한다고 하더라도 저작권을 100% 소유하는 것을 싫어하는 이유는 스토리에 대한 저작권이 작가에게 있고, 일정 정도의 수익 배분이 있어야 한다고 보기 때문이다.

크리에이터들의 IP는 원칙적으로 존중되어야 한다고 생각한다. _ FC / FB

글의 저작권은 작가에게 속하고 드라마 저작권은 만든 사람이 어느 정도는 가져야 한다고 생각한다. _ BB

합리적인 로열티 배분이 창작자에게 필요하다고 생각한다. _ DA

해외 권리에 대해서는 인정하지만, 국내 권리는 일정 부분 조율을 통해서 국내 케이블 초방권, 국내 VOD 공급권 등 방송사와 제작사의 수익을 보장해야 한다. _ ED

시즌2를 간다고 했을 때 인센티브를 주는 시스템이면 좋겠다. 시즌2는 많이 안 올려줬다. 넷플릭스의 계약서에는 '다음 시즌은 몇 % 범위 내에서 증액 가능'처럼 되어 있다. 단, 협의에 의해 증액은 가능하다는 수준이다. 시즌2를 간다는 것은 뭔가 (넷플릭스에 추가적인 수익이) 있기 때문에 더 달라는 것이다. _ AA

드라마마다 제작과 사업적인 상황이 다르기 때문에 상황에 맞춰서 권리 분배가 이루어져야 한다고 생각한다. _ EE

제작사에게 넷플릭스가 수익 배분을 해야 하는 이유는 제작사가 향후 좋은 콘텐츠를 만들기 위한 밑거름으로 작용할 수 있기 때문이다.

수익 배분을 통해 생산 기지로의 전락을 방지하고, 잘 만들어 부가적인 수익으로 최선을 다하게 해야 좋은 콘텐츠가 만들어질 것이다. _ EA

드라마의 가능성에 따라 협상의 여지를 열어두어야 한다. 만약 중국 시장이 풀리게 된다면 넷플릭스 이상의 수익을 낼 수도 있을 것이다. _ EC

반면, 제작자들이 넷플릭스가 저작권을 100% 갖는 것에 동의하는 주된 이유는 넷플릭스가 막대한 제작비를 부담하기 때문이다.

넷플릭스가 얼마나 리스크를 감당하느냐에 따라 권리를 다 다질 수도 못 가질 수도 있다고 생각합니다. _ FE

넷플릭스가 권리를 100% 갖는 것은 많은 제작비와 적당한 경상비를 인정하는 부분 때문이다. _ CD / DD2

넷플릭스는 필요한 제작비를 주고 그에 대한 안정적인 수익을 보장해 준다. 프로젝트에 대한 안정적인 수익을 확신할 수 있다면 굳이 넷플릭스를 선택하지 않지 않을까? _ CA

콘텐츠 수명을 고려할 때 제작사가 저작재산권을 가지고 있어도 잘 활용하지 못하는 경우가 많음. OTT 사업자가 모든 IP를 갖게 되더라도 단기적으로 수익을 보장받을 수 있다면 그 방법이 더 나을 수도 있음. 또한 글로벌 OTT와 거래하게 되면 제작사에 속한 작가 자원을 활용할 수 있는 것은 물론, 감독도 제작사 판단하에 섭외할 수 있다는 장점이 있음. 이와 달리 방송사 편성을 받기 위해서는 방송사 소속 감독과 일할 수밖에 없는데 아주 큰 차이임. 국내와 해외를 가리지 않고 OTT 사업자 문은 계속 두드려볼 생각. _ 드라마 D 제작사(한국콘텐츠진흥원, 2020: 108).

넷플릭스가 저작권을 독점하는 데 참고할 만한 소송이 제기되었다. 디즈니 영화 〈블랙 위도우-Black Widow〉가 2021년 7월 9일 극장 개봉과 동시에 디즈니+에서 공개한 것에 대해 주연 배우인 스칼렛 요한슨Scarlett

Johansson이 디즈니를 상대로 LA 고등법원에 소송을 제기했다. 요한슨은 계약서에 극장에서만 개봉할 것과 박스오피스 성과에 따라 인센티브를 받기로 명시되어 있는데 사전에 협의 없이 디즈니가 디즈니+ 프리미엄 VOD로 공개하여 5000만 달러를 손해를 보았다고 주장했다(Marrone, 2021.7.8).

디즈니는 약 2개월 후인 9월 30일 요한슨과 합의를 했다. 정확한 금액은 밝히지 않았으나 미국의 《데드라인》에 따르면 4000만 달러 이상일 것으로 알려졌다.

〈블랙 위도우〉의 미국 첫 주 박스오피스는 8037만 달러였는데, 둘째 주 2585만 달러, 셋째 주 1162만 달러로 급감했다. 이 사례는 OTT가 추가적인 수익을 보장하지 않는 것에 대한 이의 제기와 계약 관행을 바꾸는 데 레퍼런스로 작용하리라 생각한다.

4) 제작사가 확보한 저작권

기본적으로 넷플릭스 오리지널의 경우 넷플릭스가 모든 권리를 갖는 것을 원칙으로 하고 있지만, 협상에 따라 제작사가 일부 권리를 갖는 사례가 있다. 주로 중국 유통권, 공연권 등이다.

(저작권을 소유하는 부분에서 넷플릭스와) 협의하기에 따라 권리는 달라지는 것 같다. _ DD2

처음에는 부가사업이 많이 있었는데, 해외 중에 중국 등 몇 가지가 있었다. 넷플릭스 내부에서 부가사업에 대한 개념이 없었다. 지금은 수익성 개선을 위해

부가사업을 하려고 한다. _ AA

〈○○○〉의 경우 중국 판권, 유튜브 공급권, OST 등은 우리(제작사)가 갖고 있다. _ FA

넷플릭스가 라이선스를 구매하는 작품의 경우에는 대체로 넷플릭스가 국내 비독점 유통권과 해외 독점권을 10년간 소유한다.

넷플릭스는 해외 유통에 대한 독점적 권리만 보유하고, 나머지 국내 사업은 비독점이다. _ EE

라이선스의 경우 넷플릭스가 10년의 권리를 갖고 있고, 일부 권리는 작가에게 주는 저작권료 정도 아닌가 싶다. _ EA

넷플릭스가 모든 저작권을 확보하는 원칙은 한국만 그런 것이 아니다. 콘텐츠에 대한 자존심이 강한 영국에서도 마찬가지다(House of Commons, 2021: 22~23). BBC 시리즈 〈아이 메이 디스트로이 유ㅣ May Destroy You〉의 스타 제작자이자 배우인 미카일라 코얼Michaela Coel은 넷플릭스가 제안한 100만 달러의 출연료를 거절한 이유로 이 쇼에 대한 모든 권리를 포기해야 될지도 몰랐기 때문이라고 했다(Wilso, 2020). 그러나 2020년 9월 이와 관련한 영국 하원의 질문에 대해 넷플릭스는 모든 콘텐츠에 대해 100% 지적 재산권을 확보하는 것은 넷플릭스의 포괄적 정책이 아니라고 답변했다. 이 지점을 국내 제작사에서도 잘 활용할 필요가 있다. 일례로 에이스토리가 제작하여 tvN에서 2021년 10월 23일부터 방송한 〈지리산〉의 방영권은 tvN이, 해외 권리는 중국의 동영상 사이트 아이치이iQiyi가 독점하는 형태이다. 에이스토리가 공시한 자료를 보면 tvN은 방영권을 회당 13억 원(16회 총 208억 원)에 계약했고, 아이치이는 해외 오리지널 권리를 회당 18억 원(총 288억 원)에 구매했다. 이처럼 넷플릭스가 저작권을 100% 소유하는 것에 제작사가 지속적으로 문제 제기를 하고, 이에 대해 정부 차원의 대책을 세우도록 촉구한다면 영국과 같이 한국 정부도 적극적인 조치를 취할 것이다.

영국 하원도 넷플릭스의 저작권 독점에 대해 입장이 분명하다. 영국 저작권 및 창조경제센터CREATe는 저작권 독점은 영국 콘텐츠 제작 생태계에 심각한 영향을 준다고 판단하고 있다.

VOD 모델의 핵심이 가입자에게 모든 지역 기반의 독점 콘텐츠 결합상품을 제공하는 것이라는 점을 감안할 때, 제작자가 2차 권리에 대한 통제권을 가지도록 하는 것은 플랫폼 사업자의 일관되고 효율적인 윈도우 설정 전략(플랫폼별 유통전략)에 심각한 도전이 된다. 따라서 기존의 '거래조건'을 단순히 VOD로 바꾸려는 시도는 현명하지도 못하고 실행도 불가능하다는 점은 분명하다. 그것은 아마도 VOD에 대한 투자가 영국을 떠나 새로운 제작자에게로 넘어가게 할 것이다.[16]

글래스고 대학교 문화이론 교수 겸 CREATe 부소장 필립 슐레진저Philip Schlesinger 교수도 공공서비스 방송과 독립제작사 간의 관계가 SVOD 업

---

16) CREATe(PSB0065); https://committees.parliament.uk/writtenevidence/7077/html/

체들에서 반복될 가능성은 낮지만, "제작 콘텐츠를 일시불로 판매하는 경우에 어떤 권리를 넘겨줘야 할지는 여전히 의문이 제기되고 있다"라고 주장한다(House of Commons, 2021: 23).

반면, 넷플릭스는 제작비를 충분히 지급하지 못하는 경우 IP 사용권을 제작사에 나눠주는 경우도 있다.

> 글로벌 OTT의 경우 알려진 바와 달리 제작비를 충분히 지급하지 못하는 사례도 존재함. 단, 이런 경우 제작비 보전 차원에서 IP 사용권을 제작사에 나눠주고 제작사가 IP 기반 영업을 할 수 있는 창구를 열어주기도 함. _ 드라마 B 제작사(한국콘텐츠진흥원, 2020: 108).

7. 넷플릭스는 드라마를 어떤 품질로 제작하나?

넷플릭스는 스트리밍 품질뿐만 아니라 드라마 자체의 퀄리티를 매우 중요하게 생각한다. 주된 이유는 드라마의 수명을 길게 가져가야 하기 때문이다. 오래된 영화나 드라마를 수작업이나 기술의 발달에 따라서 인공지능을 활용하여 흑백을 컬러로 바꾸고 SD 화질을 HD나 UHD로 바꾸어 서비스하고는 있지만, 원본의 화질이 낮은 경우에는 한계가 있다. 이렇게 품질에 신경 쓰는 것은 넷플릭스 제작자의 발언이나 자료를 보면 그 이유를 분명히 알 수 있다.

현재 드라마를 고품질의 UHD로 제작하기 위해서는 상당한 제작비와 제작 시간이 들어간다. 그런 탓에 UHD로 제작하는 드라마가 많지 않다. 그러나 넷플릭스는 처음부터 영상과 음성의 품질을 매우 중요하게 생각하고 제작을 해왔다. 그러한 제작 기준을 갖고 한국 드라마를 제작할 때도 그대로 적용하여 한국 드라마의 품질도 높일 수 있게 되었다. 이렇게 넷플릭스가 엄격하면서도 체계적인 기준을 정하면서 넷플릭스의 '4K 제작 워크플로우'는 전 세계적으로 제작 표준이 되고 있다고 평가받는다(Foundry, 2017).

넷플릭스가 2018년 11월 싱가포르에서 개최한 아시아 최초의 멀티타이틀 라인업 이벤트 'See What's Next Asia'에서 테드 서랜도스가 넷플릭스만의 장점에 대해 "다른 플랫폼들과 달리 품질, 퀄리티에서 차별점이 있다고 생각한다. 그 부분에 많은 집중을 하고 있고, 매 작품마다 좋은 품질, 퀄리티를 보여드리기 위해 힘쓰고 있다"[17]라고 한 데서도 이를 확인할 수 있다.

"국내 OTT와 넷플릭스의 차이는 화질과 더빙·자막 등이 포함된 '포스트 프로덕션'에서 생긴다. HD(고화질)나 FHD(초고화질)를 기본으로 하는 국내 콘텐츠와 비교해 넷플릭스 콘텐츠는 4K UHD(초고선명화질·FHD의 4배)로 제작되고 있다. 넷플릭스를 보다가 국내에서 제작된 콘텐츠를 보면 상대적으로 화질이 낮아 보이는 이유이다"(강소현, 2021).

넷플릭스 서울 사무소도 넷플릭스의 제작 방식에 대해 "넷플릭스는 창작자의 비전이 실현될 때 비로소 작품의 완성도가 높아질 수 있다는 믿음을 지니고 있다. 창작자의 자유를 존중하며 창작 의도를 최대한 실현할 수 있는 제작 환경을 조성하고자 적극 지원하고 있다. 이에 따라 기존의 성공 공식과는 다른, 그동안 쉽게 만나볼 수 없었던 색다른 장르 및

---

17) http://www10.breaknews.com/serial_read.html?uid=613080&section=sc4

포맷의 스토리부터, 국내 스튜디오와의 기술 교류를 통해 최첨단 특수시 각효과VFX 기술을 적용해 창작자의 창작 의도를 구현한 콘텐츠까지 다채로운 오리지널을 선보이는 중"이라고 밝혔다(넷플릭스 서울 사무소, 2021).

실제로 제작사들은 넷플릭스와 계약을 맺고 드라마를 납품하면서 넷플릭스의 납품 규격을 맞추기 어려워한다. 넷플릭스와 계약을 할 때는 넷플릭스 디지털 워크플로우를 지켜서 납품할 것이라는 조건이 있는데 넷플릭스는 현재 방송국에 납품하는 코덱인 Prores 422를 받아주지 않는다. 메인 카메라의 경우에도 넷플릭스의 승인을 받아야 하고, ACES[18]의 파이프라인을 준수해야 하며, 데일리 리포트 작성 등 꽤나 까다로운 조건을 충족해야 한다(송군, 2017).

넷플릭스는 방송 콘텐츠에 대한 기술 가이드라인을 가지고 있음. 즉, 일정 수준으로 콘텐츠 품질이 떨어지면 방송이 불가. 카메라 품질과 화면 품질의 기술 가이드라인은 고사양·고품질의 콘텐츠 제작을 유도. 현재 국내 방송사에서 제작하는 콘텐츠 대부분은 넷플릭스의 기술 가이드라인에 미치지 못하는 수준.

최근 글로벌 콘텐츠 제작 환경은 그 내용도 중요하지만, 시각적인 품질과 효과에 있어서도 경쟁력을 갖추어야 하는데, 국내의 경우 그러한 의지와 기술적인 부분에 대한 투자가 부족. 미래 경쟁력을 갖추기 위해서는 글로벌 콘텐츠 기술과 비교했을 때 경쟁이 가능하도록 새로운 기술에 대한 인력 양성이 필요해 보임. _ 전문가 H(외주제작사 대표)(노창희·이찬구·성지연·이수연, 2018: 63~64)

---

18) ACES란 Academy Color Encoding System의 약자로 미국 아카데미가 색 규격을 동일화해 어떤 작업환경에서도 일정한 색공간을 유지하도록 제시한 컬러 인코딩 규칙이다.

넷플릭스는 미술과 CG, 음향 등 후반 작업의 고퀄리티를 추구한다. _ BC

매일 찍는 그 엄청난 양들을 폴더로 묶어주고 그걸 어떻게 찍었는지 볼 수 있
게끔, 그리고 편집본에 대해서도 편집권은 자기네가 가진다고 되어 있고요. 그
래서 제가 최대한 많이 한 게 몇 번이냐고 물어보니 열한 번이라고 하더라고
요. 열한 번 수정 요구를 했다고 합니다.
　그때 QC(품질 관리)가, 저희가 그때 요구받은 것은 4K가 아니었어요. 6K,
8K였어요. 그 당시 현존하는 최고의 카메라를 요구했어요. 그러면 '왜 그래야
되느냐', '시스템이 한국에는 너무 안 돼 있는데 그것까지 다해서 언제 편집을
하느냐'라고 했더니 편집팀을 세 팀을 두더라도 이것을 컨버팅을 해서, 50년
뒤에도 업컨버팅을 해서 우리가 최적의 서비스를 할 수 있어야 된다는 거예요.
그건 자기네 사정인데, 그러면 그런 스펙이나 자격 등 여러 가지를 생각한다면
넷플릭스는 제작비를 훨씬 올려주어야 돼요. ……　간접광고는 일절 금지거든
요. 저도 간접광고를 안 하려고 하는 사람이에요. 지금까지 이 정도 제작비에
PPL 등의 플러스 알파 매출로 총제(총제작비)를 메꿔왔어요. 그에 비해서 넷
플릭스가 많이 주는 게 아니에요. _ BA

넷플릭스는 작품의 퀄리티를 위해 PPL을 하지 않는다. 한국을 위한
PPL은 자칫 다른 국가에서는 부정적인 브랜드일 수도 있다. 예를 들어
사드 국면에서 한국 드라마에 롯데 관련 PPL이 있었다면 중국에서 부정
적인 반응이 일어났을 것이다. 필자가 KBS 아메리카 사장으로 재직할
때 미국의 자동차 광고가 캐나다에 송출이 돼서 문제가 된 경우가 있다.
동일한 자동차라고 하더라도 국가별로 사양이 다르기 때문이다.

무슨 언어로 TV 프로그램과 영화를 시청하고 싶으세요? 알려주시면 음성 및 자막 설정에 도움이 됩니다.

☐ Bahasa Melayu	☐ Français	☐ Suomi	☐ العربية (مصر)
☐ Dansk	☐ Indonesia	☐ Svenska	☐ हिन्दी
☐ Deutsch	☐ Italiano	☐ Tiếng Việt	☐ தமிழ்
☐ English	☐ Nederlands	☐ Türkçe	☐ తెలుగు
☐ English (United Kingdom)	☐ Norsk Bokmål	☐ Čeština	☐ ไทย
☐ Español	☐ Polski	☐ Ελληνικά	☐ 中文
☐ Español (España)	☐ Português	☐ Русский	☐ 日本語
☐ Filipino	☐ Português (Brasil)	☐ עברית	☐ 粵語
	☐ Română	☐ العربية	☐ 한국어

그림 11 넷플릭스에서 제공되는 자막이나 더빙 언어
자료: netflix.com.

물론 제작비 조달에서 안정적이다. 구글(유튜브)과 작업할 때 처음 당황했던 것은 휴대폰이 등장하는 신Scene이다. 협찬을 받지 않고 등장인물은 다양한 모델을 사용한다. (실생활에서는) 그렇지 않은가? 그런데 PPL을 하면 작품에서는 한 가지 브랜드를 쓴다. 현실감이 없을 수도 있다. 그런 정도 ……. _ 윤신애 스튜디오 329 대표(박재환, 2020)

넷플릭스는 이렇게 드라마의 품질에 많은 신경을 쓰고 있다. 또한 넷플릭스는 HDR 콘텐츠 제작에도 집중하기로 결정했다. HDRHigh Dynamic Range이란 가장 밝은 곳에서부터 가장 어두운 곳까지, 눈으로 직접 보는 것과 최대한 가깝게 밝기의 범위를 확장하여 영상을 더욱 실감 나게 하고, 풍부한 색감을 표현하는 기술이다. 넷플릭스는 2019년 11월까지는 일부 메인 타이틀에만 HDR을 적용했지만, 앞으로는 모든 영화나 드라마도 HDR로 제작하기로 했다(이우용, 2019).

작품의 품질뿐만 아니라 자막이나 더빙도 신경을 많이 쓴다. 기존에는 국내 드라마를 해외에 판매할 때 콘텐츠만 제공하고 자막이나 더빙은 해당 국가에서 책임지는 방식이었다. 이렇게 되면 자막이나 더빙의 품질을 책임질 수 없다. 특히 불법으로 유통되는 경우 이용자들이 만드는 자막은 품질이 현격하게 떨어져 콘텐츠를 제대로 감상할 수 없었다.

넷플릭스는 직접 35개의 언어로 자막이나 더빙을 제공한다. 〈하우스 오브 카드〉가 7개 언어로 공개된 것에 비하면 상당히 많은 언어가 추가되었다. 그만큼 글로벌 확대 전략의 일환이라고 볼 수 있다. 이렇게 된 계기가 있다. 2013년 8월 심각한 청각 장애를 가진 샘 와일드먼Sam Wildman 이 블로그 미디어 너도필즈Nerdophiles에 쓴 "넷플릭스에게 보내는 공개 편지: 자막"(Wildman, 2013)이라는 글에서 넷플릭스의 대화와 자막이 일치하지 않고, 대사를 일부 잘라먹어 맥락을 일부 제거했는데, 이는 전체 대화를 읽지 않기 때문에 발생한다는 내용이다. 이에 대해 많은 이용자들(2021.6.6 현재 138명)이 동의하며 '넷플릭스를 사랑하지만 형편없는 자막 때문에 콘텐츠를 제대로 감상할 수 없다' 등의 댓글을 남겼다.

넷플릭스는 자막 품질에 대한 문제를 해결하기 위해 넷플릭스 협력업체 NPVNetflix Preferred Vendor에 자막을 담당하는 '자막Timed Text'이라는 항목을 신설하고, 협력사를 통해 자막의 퀄리티를 관리하는 기준을 만들었다. 특히 자막 제작 업체가 제공한 자막 가운데 자막 품질에 문제가 생겨 재작업을 하게 될 경우를 측정해 '재작업Redelivery'이라는 평가 기준을 만들었다. 재작업 비율이 5%가 넘어갈 경우 해당 업체는 기존의 기여도와 관계없이 거래선에서 퇴출할 정도로 자막 품질을 철저하게 관리하기 시작했다(강일용, 2017).

넷플릭스는 자막과 더빙 등을 체계적으로 관리하기 위해 파트너십 지원 센터19)를 운영하고 있다. **그림 12**와 같이 코로나19 지침COVID-19 Guidance, 이미징Imaging, 사운드Sound, 전달Delivery, 품질 관리Quality Control,

Quality Control

Netflix | Partner Help Center → Quality Control

Introduction + Frequently Asked Questions

Introduction to Netflix Quality Control (QC)

Welcome to Asset QC: A Guide to the Ecosystem

Asset QC Tutorial - Fix Notes Process

그림 12 넷플릭스 파트너십 지원 센터
자료: https://partnerhelp.netflixstudios.com/

시각 효과Visual Effects, 버추얼 제작Virtual Production, 더빙된 오디오 자료
Dubbed Audio Resources, 자막 자료Timed Text Resources, 콘텐츠 및 정보 보호
Content And Information Security, 공지 사항Announcement, NPFT 자료NPFT
resources로 구분되어 있다.

　자막과 관련된 지침인 "넷플릭스의 자막Timed Text AT Netflix"에서 넷플
릭스가 자막을 어떻게 생각하는지 알 수 있다. "넷플릭스가 글로벌에 동
영상을 전송하는 서비스의 핵심은 전 세계의 다양한 청중과 문화가 훌
륭한 넷플릭스를 똑같이 경험하게 하는 것이다. 시청자 경험의 핵심 구
성 요소인 고품질의 현지화 자막을 위해 i18n(internationalization, 국제화)
등급의 단일의 표준 코드를 개발했고 계속 정교화하고 있다. 이 파이프

---

19) https://partnerhelp.netflixstudios.com/

라인은 개별 대본과 언어의 고유한 특징뿐만 아니라 글로벌 넷플릭스 플랫폼이 가져오는 확장성을 충족시킬 수 있다."[20] 넷플릭스 선정 업체에 대한 단가표도 공개하고 있다. 예를 들면, 4K용 IMF[Interoperable Master Format] 패키지 오디오/영상의 경우, 30분은 450달러, 60분은 900달러, 영화 1800달러로 되어 있다.[21] 이와 같이 체계화된 지침들이 넷플릭스 파트너십 사이트에 잘 정비되어 있다.

BBC의 2015년 연구에 의하면 자막 형태에 따라 자막 속도가 고객 만족도에 영향을 준다. 블록[Block] 형태와 스크롤[Scrolling] 형태의 자막을 음성과 비교해 보면, 블록 형태는 분당 177단어일 때, 스크롤 형태와 음성은 분당 171단어일 때 가장 만족도가 가장 높았다(Sandford, 2015). 이러한 분석을 통해 자막의 속도를 조정하여 이용자의 만족도를 극대화하고 있다.

---

20) https://partnerhelp.netflixstudios.com/hc/en-us/articles/219016457-Timed-Text-At-Netflix-Overview
21) https://lafibre.info/images/tv/201612_netflix_remuneration_traduction.pdf

제3장

넷플릭스가 일으킨
국내 드라마 시장의 변화

넷플릭스는 IT 산업의 CPND 생태계의 모든 영역에 영향을 주고 있다. CPND란 IT 산업의 핵심적인 개념으로 콘텐츠(Contents)와 플랫폼(Platform), 네트워크(Network), 디바이스(Device)를 뜻한다. 넷플릭스는 2016년 한국에 진출하면서 TV 드라마 공급 시장을 급격하게 확대하고 있다. 그러면서 국내의 콘텐츠를 유통하는 OTT인 웨이브나 티빙 같은 플랫폼을 흔들어놓았다. 동시에 플랫폼을 제공하는 통신사들에도 무한 경쟁을 유발하는 등 많은 변화를 초래하고 있다.

1. 넷플릭스는 어떻게 한국 드라마 시장을 바꾸고 있나?

넷플릭스가 처음 한국에 진출한 2016년 당시에는 큰 영향력을 발휘하지 못했다. 국내의 유료TV 구독료는 비교적 낮아 유료TV 가입을 해지하는 코드 커팅이 일어나지 않았고, 진출 이후에도 상당 기간 가입자 수의 증가가 크지 않았다. 그러나 넷플릭스 드라마를 제작한 관계자들을 인터뷰한 결과를 보면, 빙산 아래의 움직임을 쉽게 볼 수 없듯이 넷플릭스는 제작 측면에서 큰 변화를 불러일으키고 있었다.

넷플릭스의 드라마 제작 방식은 기존 한국의 드라마 제작과는 많이 달랐다. 제4장의 **표 8**에서 볼 수 있는 것처럼 프리 프로덕션, 프로덕션, 포스트 프로덕션에서 많은 차이를 보였으며 작품 선택 기준, 톱 배우 선호도, 권리, 제작비, 영상, PPL 등이 다름을 확인할 수 있다.

넷플릭스 진출 이전에도 한국의 드라마 제작 능력은 꽤 좋은 평가를 받고 있었으나, 드라마 제작 프로세스의 표준화, 계약의 체계화 등에서는 그에 걸맞은 수준을 갖추지 못했다. 단적인 예가 2021년 6월 희망연대 노동조합 방송스태프지부에서 드라마 8편의 '스태프 계약서'를 공익인권법재단 '공감'에 문의한 결과 모두 표준근로계약서를 작성하지 않았고, 계약서 내용도 불특정 계약 기간, 포괄 임금, 근로·휴게시간 등에서 불법투성이였다고 밝힌 것이다(김혜인, 2021). 그런 면에서 넷플릭스는 오리지널 콘텐츠 제작을 통해 한국의 드라마 산업에 긍정적인 변화를 이끌고 있다.

넷플릭스는 한국 드라마 시장의 편성·제작·유통·소비 단계를 바꾸었다.

첫째, 드라마 편성의 변화이다. 지상파만 존재하던 시절에는 드라마

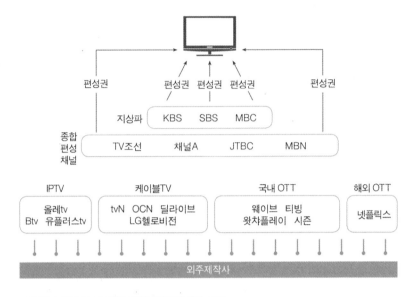

그림 13 넷플릭스로 인해 변한 드라마 편성 시장
자료: 이호수(2020: 402).

제작사가 드라마 제작을 하기 위해서는 지상파 3사의 편성이 절대적이었다면, 2011년 종편의 등장과 케이블TV의 드라마 확장으로 제작의 기회가 증가했다. 2011년 종합편성채널이 론칭하기 전까지 제작사는 지상파 방송사의 드라마 편성에 목을 맸다고 할 수 있으나, 그 이후에는 제작사 측의 편성 기회가 거의 2배로 증가했다. 여기에 2016년 넷플릭스의 등장으로 제작을 할 수 있는 기회가 더 많아졌다. 지상파나 케이블, 종합편성채널을 거치지 않고 바로 넷플릭스를 통해서 드라마를 공개할 수 있게 된 것이다. 이 기회를 〈킹덤〉이 잡았다. 2017년 김은희 작가를 만난 넷플릭스 관계자는 "좀비물은 전 세계 190여 개국의 1억 3900만 명 시청자 중 10% 이상은 무조건 보는 콘텐츠"라며 일사천리로 계약을 진행했다(이민아, 2019a: 10).

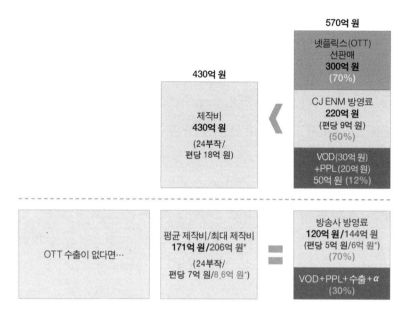

그림 14 OTT 제공 드라마의 제작비 조달 구조(〈미스터 션샤인〉 사례)
주: *은 방송사 최대 방영료(6억 원) 기준으로 제작사가 편성할 수 있는 최대 예산.
자료: 김윤지(2021: 12).

둘째, 드라마 제작의 변화이다. 넷플릭스가 국내에 진출하면서 본격
적으로 블록버스터 드라마의 제작이 가능해졌다. 한때 한류 바람을 타
고 일본에서 묻지 마 투자도 했으나 독도 문제 때문에 2014년부터 한동
안 NHK, TV아사히 등 일본 5대 방송사에서 한국 드라마를 편성하지 않
았다(YTN, 2014). 〈별에서 온 그대〉, 〈닥터 이방인〉 등으로 큰 인기를
얻었던 중국에서도 2016년 사드 배치를 발표하자 한한령이 발동되어
〈태양의 후예〉 이후 드라마를 판매하지 못하고 있다. 이러한 가운데 한
줄기 빛으로 작용한 것이 넷플릭스의 투자이다. 넷플릭스는 스튜디오
드래곤과 〈미스터 션샤인〉을 해외 OTT 오리지널로 확보했다. 이를 통
해 제작사는 막대한 제작비를 회수할 수 있었다. 그림 14에서 보는 바와

같이 넷플릭스가 없었다면 편당 최대 8.6억 원으로 제작해도 수익이 나기 어려운 구조였는데, 넷플릭스가 국내 서비스와 해외 OTT 오리지널 권리를 구매하면서 제작비도 9억 원이나 더 사용할 수 있었고, 수익도 32%나 올릴 수 있었다(김윤지, 2021: 12). 즉, 넷플릭스가 한국 드라마 시장에 들어오면서 기존 드라마보다 회당 무려 10억 원이나 더 투입하여 드라마를 제작할 수 있게 되었다. 이후 〈킹덤〉은 회당 20억 원, 〈스위트홈〉은 회당 30억 원을 투입할 수 있었다. 한국 드라마 시장에서는 상상하기 힘든 제작비가 소요되는 드라마를 제작할 수 있게 된 것이다.

특히 넷플릭스는 한국의 드라마 제작 환경에서 사전 제작을 정착시키고 있다. 오리지널의 경우에는 한 번에 공개하기 때문에 드라마 한 시즌을 사전에 전부 제작해야 한다. 사전 제작된 한국 드라마가 없었던 것은 아니지만 〈태양의 후예〉 외에는 좋은 성과를 거두지 못 했다. 특히 중국에서 심의를 받기 위해 2015년과 2016년에 집중적으로 사전 제작 드라마가 예정되어 있었으나 사드 문제로 중국에서 사전 심의가 이루어지지 않아, 완전한 사전 제작은 넷플릭스 오리지널 외에 거의 이루어지지 않고 있다. 〈킹덤〉은 2019년 1월 25일 한 번에 6회 전부가 공개되었다. 기존 국내 미니시리즈 드라마는 한 회분씩 1주일에 2회 방송되는 것이 관행이었고, 경우에 따라서는 당일 촬영한 내용도 방송되는 경우가 있었다. 〈킹덤〉을 포함한 넷플릭스 오리지널은 완전히 사전 제작되었다. 한국 드라마 시장에서 넷플릭스를 통해 완전한 사전 제작 경험을 축적한 덕분에, 향후 글로벌 OTT 오리지널 증가에 발맞춰 국내에서도 완전한 사전 제작이 증가할 것이다.

셋째, 드라마 유통의 변화이다. 기존 드라마는 한국 채널에서 본방송을 하고, 바로 IPTV, 케이블TV, 웨이브 등을 통해 VOD로 유통된 다음

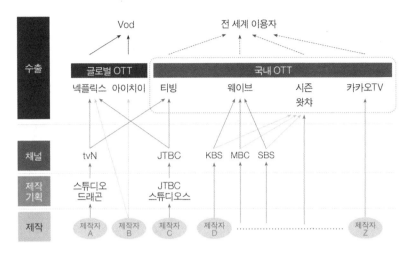

그림 15 OTT 시대의 드라마 수출 구조
자료: 김윤지(2021: 24).

에 지상파나 케이블에서 재방을 하는 구조였다. 해외에서는 대체로 국가별로 방송권과 전송권을 별도로 판매하는 형태였다.

넷플릭스 오리지널인 〈킹덤〉은 전 세계 190개국에 동시에 유통되었다. 기존 드라마는 자막을 통해 우선 공급하고 더빙은 상당한 기간이 소요되었지만, 〈킹덤〉은 공개와 동시에 12개 언어로 더빙되어 서비스되었고, 자막은 27개 언어로 제공되었다. 〈킹덤2〉는 더빙은 13개 언어, 자막은 29개 언어로 확대되었다. 넷플릭스는 한국 오리지널을 최대 31개 언어의 자막과 20개 이상의 언어로 더빙하여 전 세계에 제공하고 있다. 공전의 히트를 친 〈오징어 게임〉은 〈킹덤〉보다 많은 31개 언어의 자막과 13개 언어의 더빙이 서비스되고 있다.

그림 15에서 보는 바와 같이 넷플릭스는 기존의 유통 구조를 바꾸어 전 세계에 동시 유통을 하고 있다. 그만큼 세계가 시차 없이 한국 드라마를 볼 수 있는 상황이 되었다.

드라마가 전 세계에 동시에 유통되면서 생각하지 못한 변화가 일어났다. 〈킹덤〉은 아마존에서 '갓'을 인기 상품으로 떠오르게 하는 계기가 되었다. 갓이 해외 시청자들의 관심을 끈 이유는 신을 뜻하는 영어 '갓God'과 한국 전통 모자 갓의 발음이 비슷하기 때문이다. 이에 〈킹덤〉을 두고 '모자 전쟁' 또는 '모자 왕국'으로 부르는 이들도 생겨났다. 아마존 사이트의 제품 설명을 보면 갓을 "한국 드라마 〈킹덤〉에 나온 조선 전통 모자" 또는 "한국 전통 모자 갓"이라고 설명하고 있다(유건식, 2019: 324). 갓의 가격은 49.99~119.9달러이고 다른 다양한 모자와 한복도 판매되고 있다.

또한 한국 콘텐츠는 넷플릭스에서 세계에서 가장 인기 있는 작품으로 등장하기도 한다. 영화 〈#살아 있다〉는 2020년 9월 10일 기준 미국을 비롯해 프랑스, 스페인, 스웨덴, 러시아, 호주 등 전 세계 35개국의 영화 차트 1위를 석권했다. 이처럼 한국 콘텐츠가 미국과 유럽 시장에서 넷플릭스 1위를 한 것은 처음 있는 일이었다(유재혁, 2020). 영화 〈승리호〉도 개봉한 다음 날인 2021년 2월 6일부터 2월 10일까지 5일간 1위에 올랐다. 〈스위트홈〉은 11개국에서 1위에 올랐고, 2020년 12월 21일부터 5일간 전 세계 3위에 올랐다. 한국을 포함한 대만, 싱가포르, 태국, 베트남, 필리핀, 페루, 쿠웨이트, 카타르, 방글라데시, 말레이시아 총 11개국에서 1위를 차지했으며, 50여 개국 스트리밍 순위 톱10에 올랐다(현혜선, 2020). 2020년 넷플릭스 4분기 결산 보고서에 따르면 〈스위트홈〉은 공개 후 한 달 동안 최소 2200만 명이 시청했다. 넷플릭스 자체 보고서에서 한국 드라마의 구체적인 시청자 수가 공개된 것은 〈스위트홈〉이 사상 최초이다(김소연, 2021).

넷째, 드라마 소비의 변화이다. 콘텐츠에 대한 소비도 기존 드라마는 일주일에 2회를 볼 수 있었으나, 넷플릭스는 한 번에 몰아보는 몰아보기(binge watching 또는 binge viewing)'가 일반화되는 계기를 만들었다. 넷플릭스가 시즌을 한 번에 공개하면서, 일주일을 기다려 드라마를 볼 필요가 없어졌다. 시간이 날 때 한 번에 몰아 보며 더 몰입감 있게 영화나 드라마를 즐기는 현상이 생겨나고 있다. 2018년 5월 리서치앤리서치가 성인 남녀 1000명을 대상으로 조사한 결과 10명 중 6명이 몰아보기를 하는 것으로 나타났다. 20~30대 중 70% 이상, 50대 이상 연령층 중 47%가 몰아보기를 했다(김민선, 2018). 이와 같이 실시간으로 보지 않고 드라마가 끝날 때까지 기다렸다가 몰아서 보는 경향이 늘어나면 실시간 시청률이 감소하고 자연스럽게 광고 수입이 하락하게 된다. 이렇게 광고 수입이 하락하면 드라마 제작비의 가장 큰 수익원이 광고에서 OTT 판매나 해외 판매, VOD 판매 등으로 변하게 된다.

넷플릭스 이용자들의 행태 중에는 정주행 레이싱까지 등장했다. 정주행 레이싱이란 개봉한 지 24시간 이내에 모든 에피소드를 전부 보는 것을 뜻한다. 넷플릭스가 2017년 밝힌 바에 따르면 한국에서는 〈마블 디펜더스〉가 정주행 레이스 1위를 기록했다(김현아, 2017).

필자가 2019년부터 매년 4월에 KBS 국민패널을 통해 조사한 바에 따르면 2019년 41.3%, 2020년 56.3%, 2021년 56.4%가 넷플릭스 이용 시 한 번에 3시간 이상 시청하는 몰아보기를 했다.

몰아보기는 이미 온디맨드On-demand 시대에 자연스러운 현상이 되었다. 넷플릭스는 이러한 현상에 맞는 유통 방식을 과감하게 도입해 시장을 선도하고 있다. 디지털 사회가 되면서 소비자는 더 많은 자유와 자율을 누릴 수 있는 소비의 민주화를 추구한다. 소비의 민주화는 시간, 장소, 선택이라는 세 가지 측면에서 일어난다. 시간적 자유는 온디맨드 환경에서 제공되는 보편적인 혜택으로, 특정 프로그램을 원하는 시간에 시청할 수 있는 권리를 뜻하고, 장소적 자유는 어디서든 시청할 수 있는 권리를 뜻하며, 선택적 자유는 보고 싶은 것을 선택할 수 있는 권리를 뜻한다(이윤수, 2013).

과연 넷플릭스는 향후 한국 드라마 시장에 어떠한 영향을 미칠 것인가? 넷플릭스와 관련을 맺고 있는 드라마 제작자 18명에게 몇 가지 질문을 했다. 첫째, 넷플릭스는 국내 제작사와 협력을 강화할 것인가라는 질문이다. 이 질문에 응답자의 89%(16명)가 동의를 했다. 넷플릭스는 로컬을 중요시하고 한국이 동남아시아에 대한 교두보 성격을 갖고 있어 한국에서 지속적으로 드라마를 제작할 것이기 때문에 제작사들과 더욱 협력을 강화할 것이라고 전망하고 있다. 둘째, 지금까지 지상파 TV는 넷플릭스를 경쟁자로 생각하고 최소한으로 협력하고 있는데, 향후 어떻게 전망하느냐는 질문이다. 이에 대해 응답자의 89%(16명)가 지상파와 넷플릭스의 협업이 증가할 것이라고 전망했다. 현재 지상파 방송사별로 1년에 1~2개를 공급하도록 하고 있는데 향후에는 개수가 증가할 것이라고 예측하고 있다. 아직 확대될 전망은 보이지 않고 있다. 지상파 TV에서 드라마를 축소하고 있고 재정적인 위기 때문에 블록버스터를 만들기 어려운 구조하에서 넷플릭스가 선호할 만한 작품이 부족하기 때문이다. 셋째, 넷플릭스가 한국의 제작 방식에 많은 영향을 줄 것인가에 대한 질문이다. 이 질문에 대해서도 응답자의 78%(14명)가 그럴 것이라고 응답했다. 일반적으로 "현장이 답이다", "현장에 답이 있다"라는 말을 하고는 한다. 과연 응답자들의 전망이 맞을지 눈여겨보고, 이에 따라 전략을 펼쳐야 할 것이다.

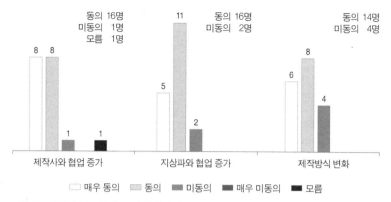

그림 16 넷플릭스와 국내 드라마의 관계 전망
자료: 유건식(2020).

2. 넷플릭스 제작 드라마의 장점은?

넷플릭스는 막대한 자본력을 바탕으로 고품질 드라마를 제작하고, 이렇게 제작한 드라마를 전 세계 국가에 동시에 개봉하고 있다. 넷플릭스가 국내에서 제작하는 드라마는 기존 한국 드라마와 비교하여 상당한 장점이 있다.

넷플릭스의 제작 방식에는 넷플릭스만의 가치가 있다. 미국 잡지 ≪벌처Vulture≫의 2018년 "몰아보기 공장 내부에서Inside the Binge Factory"22)라는 제목의 글에 넷플릭스가 어떻게 오리지널 콘텐츠를 만드는지를 다섯 가지로 정리했다. 첫째, 최고의 콘텐츠 제작자에게 투자를 아끼지 않는다. 넷플릭스는 최고의 콘텐츠를 만들어온 최고의 히트 메이커들을 거

---

22) 이 절은 Adalian(2018), 유건식(2019: 170~173)을 일부 수정하여 옮겼다.

액을 투자해 스카우트했다. ABC의 숀다 라임스Shonda Rhimes와 1억 달러, FX의 라이언 머피Ryan Murphy와 3억 5000만 달러, 데이브 샤펠Dave Chappelle과 6000만 달러, 크리스 록Chris Rock과 4000만 달러의 계약을 맺었다. 〈라라랜드La La Land〉로 오스카상을 수상한 감독 데이미언 셔젤Damien Chazelle, 멕시코 영화감독 기예르모 델 토로Guillermo del Toro와도 작업하고 있으며, 이 시대 가장 성공적인 시트콤 제작자 척 로어Chuck Lorre에게도 콘텐츠를 제작하도록 했다. 버락 오바마Barack Obama, 미셸 오바마Michelle Obama와도 TV 쇼 및 영화를 제작하기로 하고 거액의 계약을 체결했다. 비욘세 지젤 놀스Beyonce Giselle Knowles와는 세 개의 프로젝트에 대해 6000만 달러 계약을 체결했다.

둘째, 창작자의 의도와 창의성을 존중한다. 넷플릭스는 많은 콘텐츠를 제작하기 위해 분권화된 기획/제작 조직을 만들었으며, 다수의 팀에 자체 의사결정 권한을 부여했다. "작가가 대본에 대해서 넷플릭스와 의견을 공유하지만, 스토리·분위기·형태에 대한 결정은 전적으로 작가에게 맡긴다"(이호수, 2021: 143). 심지어 이들은 넷플릭스 최고콘텐츠책임자 테드 서랜도스가 반대하더라도 제작을 진행할 수 있는 권한을 가지고 있다. 서랜도스는 "우리가 지금 하고 있는 일들을 규모와 품질 모든 측면에서 제대로 하기 위한 유일한 방법은 팀에게 의사결정 권한을 주는 것뿐이다. 제작팀 임원들은 할리우드의 누구보다 구매 권한이 크다"라고 말했다.

셋째, 로컬 오리지널 작품을 많이 만들고 있다. 넷플릭스는 미국보다 해외에서 급성장하고 있기 때문에 로컬 작품을 많이 만들려고 한다. 독일에서 만든 스릴러물 〈다크〉, 멕시코의 〈언거버너블Ungobernable〉, 브라질 〈3%〉 등이 해당된다. 넷플릭스는 외국 시장에서 더욱 성장하기 위해서는 세계 각 지역에서 해당 지역 창작자가 만든 콘텐츠를 가입자들에게 제공할 필요가 있다고 믿고 있다.

넷째, 가입자를 취향 집단으로 구분하고 있다. 넷플릭스는 기존의 인구통계적 구분을 '취향 집단Taste Community'이라는 개념으로 대체해 활용하고 있다. 인류학적으로 추정하는 것이 아니라 실제 시청 기록을 중심으로 전체 가입자를 약 2000개의 세부 집단으로 나눈다. 취향 집단을 이렇게 세밀하게 나눈 뒤 비슷한 취향을 가진 사람들의 행동을 분석해 시청자들이 더 좋아할 만한 콘텐츠를 찾아 제안함으로써 새로운 것을 더 많이 보게 유도하는 도구로 활용한다. 그러기에 개개인마다 추천받는 콘텐츠가 다르다. "당신의 넷플릭스와 나의 넷플릭스는 다르다"라는 말이 나온 것은 이 때문이다. 반면, 개인의 문화 취향들을 분석해 자동 추천하는 기술이 "지정된 범위 내의 선택된 세계만을 선사할 확률이 높아지면서 문화 취향이 납작(협소)"해지는 문제도 초래한다(양승희, 2020).

다섯째, 데이터에 의한 의사결정이다. 넷플릭스는 과감하게 새로운 콘텐츠를 시도하지만, 진행 도중 아니라고 판명되면 가차 없이 포기한다. 넷플릭스 쇼 중 80%는 1~2개 시즌 후 후속 제작이 중단된다. 또 반응이 좋았던 쇼들도 철저한 재검증을 거쳐 추가 투자 여부를 결정한다. 코미디언 마리아 뱀퍼드Maria Bamford의 이야기를 다룬 〈레이디 다이너마이트Lady Dynamite〉도 두 번째 시즌이 로튼 토마토에서 평점 100%로 호평을 받았음에도 불구하고 시청자 수가 적었기 때문에 후속 제작이 불발되었다. 서랜도스도 "〈레이디 다이너마이트〉는 개인적으로 정말 매료되었던 쇼였다. 전통 사업자들은 임원이 그 쇼의 팬이라는 이유로 속편을 제작하는 경우가 왕왕 있지만 우리는 그렇지 않다"라고 말했다.

영국 하원이 발간한 「공영방송의 미래」라는 보고서에 보면, 글로벌

그림 17 넷플릭스에 공급된 BBC 콘텐츠
자료: 넷플릭스(검색일: 2021.6.2).

OTT 사업자는 그들이 영국의 공영방송 생태계에 기여했다고 주장한다. 넷플릭스는 공영방송을 "지속적으로 지원"하려고 노력하고 있으며, 공영방송은 이러한 넷플릭스의 지원이 "영국에서 창의적이고 상업적으로 역동적인 제작 지형을 유지하고 성장시키는 데 필수적"이라고 밝혔다 (House of Commons, 2021: 26~27). 실제로 넷플릭스에는 **그림 17**와 같이 〈보디가드Bodyguard〉, 〈셜록Sherlock〉 등 BBC에서 방송한 콘텐츠가 상당량 있으며, 넷플릭스는 처음으로 BBC와 공동으로 제작하여 데이비드 애튼버러David Attenborough 경이 출연한 자연사 다큐멘터리 3부작 〈생명의 색을 찾아서Life in Colour〉를 2021년 4월 22일 공개했다. 이 외에도 2021년 이후 〈개의 힘The Power of the Dog〉, 〈붉은 장미Red Rose〉, 〈당신은 나를 모른다You Don't Know Me〉, 〈A 리스트The A List 2〉 등을 공동 제작할 예정이다. 한편, 아마존도 스스로를 공영방송과 '매우 협력적인 관계'라고 표현했고, 유튜브는 스트리밍 서비스들이 공영방송에 콘텐츠의 '유통 채널shop window'을 제공하여 '충분한 수익'을 올릴 수 있게 하는 공영방송의 '파트너'로 보고 있다.[23)]

현재까지 CJ ENM과 JTBC는 넷플릭스를 전략적 파트너로 생각하고 협력하고 있다. 반면 지상파는 넷플릭스를 경쟁자로 생각하고 협력은 일정 부분에 한정하고 있다. 드라마의 경우 연간 2편 이내의 드라마만 공급하고 있다. 제작사들은 경쟁력 있는 드라마를 지상파에 공급해도 지상파가 지급하는 제작비와 해외 판매 등을 통한 유통 수익으로는 제작비를 회수하고 수익을 내는 것이 쉽지 않기 때문에 지상파에 공급하는 것을 꺼려한다. 따라서 지상파는 제작사에 추가 수익을 확보해 주기 위해 경쟁자인 넷플릭스에도 유통을 제한적으로 허용하고 있다. 일본과 중국의 시장이 열리기 전까지는 넷플릭스를 현재의 전략보다는 좀 더 개방적으로 접근할 필요가 있다. 텐트폴로 작용할 수 있는 드라마가 없다면 지상파 플랫폼의 경쟁력은 살아나기 어렵기 때문이다. 자존심이 센 영국 BBC의 전향적인 자세를 반면교사로 삼아야 하지 않을까 한다.

넷플릭스는 한국보다 먼저 진출한 국가에서 터득한 노하우를 한국에도 그대로 적용하고 있다. 리드 헤이스팅스와 에린 마이어가 공동으로 쓴 『규칙 없음』을 보면 넷플릭스가 '컬처 맵'을 활용하여 지역 나름의 문화를 존중하고 수용하려는 넷플릭스의 노력이 소개되어 있다. 실제로 넷

---

23) https://www.whats-on-netflix.com/news/bbc-netflix-co-productions-coming-to-netflix-in-2021-beyond/

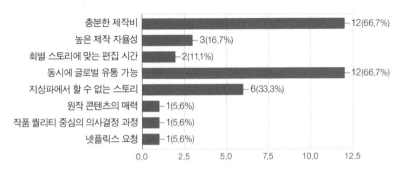

그림 18 넷플릭스 드라마 제작에 참여한 이유(중복 응답)
자료: 유건식(2020).

플릭스가 한국에서 콘텐츠를 제작하고 있는 방식에는 여러 장점이 있다.

넷플릭스 드라마 제작에 참여한 18명에게 넷플릭스 드라마 제작에 참여한 이유를 물어보니 중복 응답을 포함하여 충분한 제작비(12명), 글로벌 동시 유통(12명), 지상파에서 할 수 없는 스토리(6명), 높은 제작 자율성(3명), 스토리에 맞는 편집 시간(2명), 작품 퀄리티 중심의 의사결정 과정(1명)의 순이었다. 1순위 기준으로는 '충분한 제작비'가 7명으로 가장 많고, 다음으로 '글로벌 동시 유통'(5명), '지상파에서 할 수 없는 스토리'(3명)의 순이었다. 그만큼 넷플릭스 제작 드라마의 장점은 충분한 제작비와 글로벌 동시 유통이라고 할 수 있다.

1) 다양한 스토리의 드라마 제작

넷플릭스가 국내에 진출하면서 한국 드라마의 지형이 확장되었다. 그동안은 한국 드라마 하면 '기승전 멜로'가 가장 큰 특징이라고 꼽혔다. 라쿠텐 비키Rakuten Viki에서 공개한 미국 드라마 〈드라마월드Dramaworld〉

에서도 한국 드라마의 5가지 특징 중 하나로 '첫 키스가 사랑의 시작이자 완성'이라고 표현했다.[24] tvN과 OCN을 중심으로 장르물이 화제가 되면서 지상파도 장르물을 만들기 시작하며 드라마의 다양성이 증가했다. 여기에 한국 드라마의 다양성을 더 강화한 것이 넷플릭스의 투자이다. 한국 제작사들이 장르물을 제작하면서 익힌 드라마 제작 능력도 넷플릭스가 투자하는 데 한몫했다고 볼 수 있다. tvN 〈시그널〉(2016), JTBC 〈비밀의 숲〉(2017)이 성공하면서 장르물의 홍수를 겪기도 했다.

라이선스의 판매는 글로벌 공급이라는 나름 의미 있고 안정된 제작 환경을 가져가는 결과를 가져다주지만, 오리지널 제작은 지상파에서 엄두를 낼 수 없는, 제약이 많은 콘텐츠를 만들어냄으로써 다양성이 필요한 시청자들의 눈높이를 맞출 수 있는 유일한 방법이 되고 있다. _ EA

국내 방송에서는 다루기 어려운 다양한 이야기를 시도할 수 있고 어떤 이야기의 제한도 없다. _ DA

촉박한 제작 기간이나 제작비의 한계를 벗어나 퀄리티를 향상시킬 수 있고, 소위 국내에서 '먹히는' 상투적인 소재나 드라마투르기[25]를 벗어난 보다 다양한

---

24) 이 외에 '운동 많이 한 남자 주인공의 샤워 장면이 등장', '여성 등장인물 중 누군가는 반드시 기절하고, 기절하면 남성 등장인물 중 누군가가 반드시 받아줌', '갑자기 툭 튀어나오는 PPL', '고깃집에서 소주병을 세워놓고 하는 취중진담' 등이 있다. https://www.huffingtonpost.kr/2016/07/07/story_n_10850618.html
25) 드라마투르기(dramaturgy)란 극작법(劇作法)으로 번역되며, 드라마의 각본을 구성하고 연출하는 방법 및 기술을 뜻한다.

기획이 가능하다. _ FC

특히 넷플릭스는 〈킹덤〉, 〈인간수업〉, 〈스위트홈〉처럼 청소년 관람
불가 드라마를 만들어 화제성과 작품성을 인정받았다.

2) 대작 드라마 제작

넷플릭스는 막대한 자금력을 바탕으로 최고의 드라마를 제작하려고
한다. OTT 시대에 접어들면서 지상파 시청률은 낮아지고, 이에 따라 광
고 수입이 급락하여 지상파 방송사들은 상당한 재정적 부담을 안고 있
다. 최근 지상파 방송사들은 한동안 황금알을 낳는 거위였던 드라마가
대체로 적자를 면하기 어려운 구조를 갖고 있다. **그림 19**는 2015년부터
2019년까지 5년간 지상파 3사(MBC는 본사)의 TV 직접 제작비와 매출
현황이다. 제작비는 큰 차이가 없으나 매출이 감소하고 있는데 주요 요

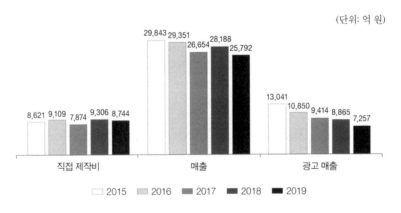

그림 19 지상파 3사 TV 매출 및 직접 제작비 현황
자료: 방송통신위원회(2020: 113~115).

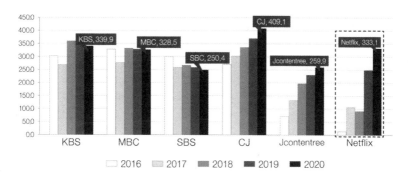

450.0
400.0
350.0
300.0
250.0
200.0
150.0
100.0
50.0
0.0

KBS, 339.9   MBC, 328.5   SBC, 250.4   CJ, 409.1   Jcontentree, 259.9   Netflix, 333.1

KBS   MBC   SBS   CJ   Jcontentree   Netflix

☐ 2016 ☐ 2017 ■ 2018 ■ 2019 ■ 2020

그림 20 국내 주요 사업자별 방송 콘텐츠 제작 규모 추이
자료: 김용재(2020).

인은 광고 수입의 하락이다. 그렇기 때문에 지상파는 드라마 숫자를 축
소할 수밖에 없으며, 대작을 제작하기도 부담스럽다.

> 넷플릭스가 영화 〈옥자〉에 500억 원씩 쓰니까 시장에서 '이게 뭐냐' 난리가 난
> 것이다. 〈킹덤〉이 터지면서 모든 재밌는 것을 넷플릭스에 제안하는 것이다.
> 지상파는 돈도 안 쓰고 적자가 나니까, 이런 작품을 이야기하면 씨알도 안 먹
> 힌다. _ AA

이에 비해 넷플릭스는 한국에 진출한 2016년부터 2020년까지 콘텐츠
확보와 제작에 7700억 원을 투입했으며, 2021년에는 5500억 원을 투자
할 예정으로 이는 2020년 CJ의 방송 콘텐츠 제작비 4091억 원보다 많은
액수이다. 넷플릭스 감사보고서에 따르면 매출 원가가 2019년 1309억
원, 2020년 3370억 원이다.[26] 스튜디오 드래곤의 IR 자료에 따르면, 총

---

26) http://dart.fss.or.kr/dsaf001/main.do?rcpNo=20210412002747

비용이 2018년 3397억 원, 2019년 4400억 원, 2020년 4766억 원으로 증가했다. JTBC 스튜디오 사업보고서에 따르면, 매출 원가가 2018년 1083억 원, 2019년 1619억 원, 2020년 2074억 원이다.[27] 각 사가 밝힌 자료의 기준이 상이하기 때문에 단순 비교하기는 어려운 점이 있음을 감안해야 한다.

유럽에서도 이러한 현상이 벌어지고 있다. 시장 분석기관 암페어Ampere Analysis에 따르면, 유럽 방송사나 OTT 업체 중에서 2020년에 가장 많은 드라마를 제작하기로 한 곳은 넷플릭스로 72편(2019년 43편)이다. 다음으로 독일 ZDF 55편, 프랑스 텔레비지옹 38편, 독일 ARD 33편 순서이다. 2019년 71편으로 가장 많았던 BBC는 2020년 54편으로 감소했다 (Dziadul, 2021.7.1).

한국에서는 그동안 〈겨울연가〉의 대성공 이후 일본의 집중적인 투자가 이루어지다가 2012년 독도 이슈가 불거지면서 침체기를 겪었다. 이후 〈별에서 온 그대〉나 〈태양의 후예〉 등이 중국에서 큰 인기를 얻으며 대규모의 투자로 이어졌다. 하지만 2016년 사드 배치 발표에 따라 중국과의 관계가 급격히 냉각되어 5년이 지난 시점까지도 원활한 드라마 수출이 이루어지지 않고 있다.

이러한 상황에서 넷플릭스는 국내에서 막대한 제작비가 소요되는 드라마를 비싼 금액에 구매하거나 직접 제작하면서 한국 드라마의 블록버스터 제작이 가능하게 하고 있다. 드라마별로 횟수가 달라서 단순 비교를 하기는 어렵지만 회당으로 비교하는 것이 제작비 규모를 파악하기

---

27) http://dart.fss.or.kr/dsaf001/main.do?rcpNo=20210331002980

표 7 넷플릭스 오리지널 및 판권 계약 투자금액

구분	연도	제목	투자금액	채널
오리지널	2019	킹덤	200억 원(회당 23억 원)	
	2021	스위트홈	300억 원(회당 30억 원)	
판권 계약	2017	맨투맨	60억 원(회당 3.75억 원)	JTBC
		화유기	100억 원(회당 5억 원)	tvN
	2018	미스터 션샤인	280억 원(회당 18억 원)	tvN
		알함브라 궁전의 추억	208억 원(회당 13억 원)	tvN
	2019	아스달 연대기	540억 원(회당 30억 원)	tvN
		배가본드	240억 원(회당 15억 원)	SBS
	2020	더 킹: 영원의 군주	320억 원(회당 20억 원)	SBS

주: 투자금액은 총액인 경우 회당으로 환산하고, 회당인 경우 총액을 산출했다.

가장 쉽다.

넷플릭스와 계약한 제작자들은 비밀 유지 서약을 해서 구체적인 계약 내용을 밝히지 못하지만, 기사화된 회당 제작비를 보면 〈스위트홈〉 30억 원, 〈아스달 연대기〉 30억 원, 〈킹덤〉 시즌1 23억 원, 〈더 킹: 영원의 군주〉 20억 원, 〈미스터 션샤인〉 18억 원, 〈사랑의 불시착〉 16억 원, 〈배가본드〉 15억 원, 〈알함브라 궁전의 추억〉 13억 원, 〈화유기〉 5억 원, 〈맨투맨〉 3.75억 원 등이다. 이는 기존 한국 드라마의 수익 구조인 광고 판매와 국내외 유통을 통한 수익으로는 도저히 감당이 안 되는 금액이다. 지상파 광고 매출이 급감하는 상황에서는 더욱 그렇다.

지상파 방송사로서는 감당할 수 없는 제작비를 넷플릭스를 통해 유치해서 방송이 가능했습니다. _ FE

이렇게 대작의 제작이 가능한 대신 넷플릭스에서 얻는 반대급부도 있다. 바로 드라마 저작권을 넘기는 것이다. 디즈니가 마블 IP를 확보하고, 워너미디어가 DC 코믹스 IP를 막대한 금액을 주고 확보한 것도 IP를 기반으로 스토리를 만들고, 세계관을 확장하면서 수익을 올리기 위함이다. 그럼에도 제작사들은 안정된 제작비 때문에 IP를 포기하면서까지 넷플릭스의 조건을 받아들이고 있다.

> 플랫폼으로부터 외면받는(외면의 이유야 다양하지만 …… 특히 제작비 마련
> 에 문제가 있거나 캐스팅이 어렵거나 광고 판매가 저조할 것이 예상되는) 좋
> 은 기획의 IP를 넘기는 조건이기는 해도 넷플릭스를 통해 글로벌 공급과 안정
> 된 제작비를 확보하고 넘긴다면 제작자 입장에서 마다할 일이 아닙니다. _EA

3) 안정적인 제작비 지급

일반적으로 방송사는 제작비의 일부를 정액으로 지급하고, 일부는 해외 판매나 국내 판매금의 일정 비율을 제작사에 지급하고 있다. 그동안 드라마를 제작하고도 성과가 좋지 않아 출연료까지 미지급하는 사태도 빈번했다.

한국방송연기자노조에 따르면 2017년 기준으로 지상파 방송 3사의 드라마에 출연한 배우가 출연료를 받지 못한 금액이 31억이라고 한다. KBS2의 〈공주가 돌아왔다〉(2009, 단디 미디어), 〈국가가 부른다〉(2010, JH프로덕션), 〈도망자〉(2010, 도망자 에스원), 〈정글피쉬2〉(2011, 스카이룩), 〈프레지던트〉(2010, 필름이지), 〈감격시대〉(2014, 레이엔모), 〈국수의 신〉(2016, 베르디미디어) 등은 3400만 원에서 3억 3000만 원의 출연료가 미지급됐다. 그리고 SBS의 〈더 뮤지컬〉(2011, 필름북) 2억 8000만

원, 〈신의〉(2012, 신의문화산업전문회사) 6억 4000만 원, SBS 플러스의 〈그대를 사랑합니다〉(2012, 그대사 엔터테인먼트) 2억 9000만 원, MBC 드라마넷의 〈태양의 도시〉(2015, 이로크리에이션) 2억 원이 미지급됐다 (김옥빈, 2017).

최근에는 이러한 일이 벌어지지 않도록 제작사는 방송사와 계약 시 '지급 보증 보험 증권'을 제출하고, 제작사가 출연료 완납을 증명해야 방송사는 제작비를 지급하고, 제작사가 출연료를 완납하지 않으면 지급 보증 보험을 이용하여 5억 원 이내에서 방송사가 미지급된 출연료를 대신 지급하고 있다.

무엇보다 제작사 입장에서는 과거에 비해 방송사의 재원구조가 악화되면서 충분한 제작비를 받기 어려워졌기 때문에 방송사와 마찬가지로 적자를 감수해야 하는 빈도가 높아졌다. 이러한 상황에서 넷플릭스는 어쩌면 구세주 같은 존재가 된 것인지도 모른다.

넷플릭스 드라마는 제작사가 손해를 보거나 출연료를 미지급하는 문제에서 대체로 자유롭다. 넷플릭스 오리지널의 경우 제작비 전액과 15% 전후의 이윤을 보장하기 때문에 드라마 제작을 하면 손해 볼 일은 없다. 넷플릭스는 방송권을 확보하는 경우 제작비의 45~60%를 보조(리쿱Recoup28))를 하는데, (지상파와 넷플릭스에서) 동시 방영 수요가 높아지고 IP 확보 필요성이 높아지면서 작품당 투입되는 금액과 리쿱률이 좋아지고 있다. 넷플릭스의 리쿱률은 최근 55~70% 수준까지 확대되고 있다(송민정, 2020: 106).

---

28) 만회한다는 뜻으로 드라마 제작에 투자한 금액을 방송권 및 전송권 등의 판매로 회수하는 것을 뜻한다.

넷플릭스는 필요한 제작비를 주고 그에 대한 안정적인 수익을 보장해 준다. 프로젝트에 대한 안정적인 수익을 확신할 수 있다면 굳이 넷플릭스를 선택 안 하지 않을까? _ CA

넷플릭스의 충분한 제작비를 토대로, 국내 지상파에서 보지 못한 다양한 경쟁력 있는 콘텐츠의 선택과 횟수의 제한 없음이 밀도 있는 드라마를 보여준다. _ ED

지난해(2020년_필자) 8월 촬영 끝내고, 연말까지 후반 작업을 완료했다. 정산도 깔끔하게 다 되었다. 반응이 아주 좋다고 해서 다른 수익이 더 있는 건 아니다. 물론 시즌2를 할 수는 있다. 콘텐츠를 만드는 입장에서는 리스크를 떠안을 때도 있고 대박을 터뜨릴 때도 있다. 넷플릭스와 작업해 보니 안정적으로 작품에만 집중할 수 있는 구조란 게 편했던 것 같다. _ 윤신애 스튜디오 329 대표[29]

그러나 넷플릭스가 제작사의 요구대로 제작비를 주는 것은 아니다. 지급도 제작이 끝나면 받는 것이 아니고 대체로 2년에 걸쳐 분기별로 받는다. 사전에 제작비에 대해 합의하고, 집행된 금액에 대해서는 회계 감사를 받는다.

예산을 더 투여해야 하면 협의를 통해 더 받는다. 그러나 막 주는 것은 아니다. 넷플릭스의 요구로 2~3번 회계 감사를 했다. 그렇게 받고 문제가 없으니 통과

---

29) https://www.kinocine.com/3657

된 것이다. 실비 정산을 해서 남는 것은 회수해 간다.

지급 방식도 여러 번이다. 8번, 9번, 10번 이렇게 나누어 주고 한 번에 주는 경우는 없다. _ AA

전 세계에서 흥행한 〈오징어 게임〉을 제작한 황동혁 감독도 "2008년 오징어 게임을 기획해 대본을 써놨지만, 투자하겠다는 데가 없어서 만들 수 없었다. 선택지는 넷플릭스밖에 없었다. 다른 데서 받아보지 못한 자유와 충분한 예산을 준 곳이다. 넷플릭스가 아니면 만들 수 없었을 것이라 생각한다"라고 말했다(장우정, 2021).

4) 드라마 구성의 다양화

한국의 드라마가 16부작을 기본으로 하고, 20부작, 24부작 등이 주로 제작이 되었다면, 넷플릭스가 제작하는 오리지널은 스토리에 맞게 편수를 정하고, 좋은 반응을 얻으면 미국처럼 시즌으로 제작한다. 넷플릭스 오리지널 콘텐츠는 주로 6~12부작으로 제작되었으며, 〈킹덤〉은 6부작으로 시즌3를 제작하고 있고, 〈좋아하면 울리는〉은 시즌1이 8부작, 시즌2가 6부작으로 제작되었다.

넷플릭스 드라마를 제작할 때는 안정적인 제작비를 바탕으로 다양하고 경쟁력이 있고 횟수에 제한이 없는 콘텐츠를 선택할 수 있다. _ ED

넷플릭스 드라마는 회별로 편집 시간에도 제한이 없다. 〈미스터 선샤인〉의 경우 1회는 72분, 2회는 69분, 3회는 67분, 21회는 80분, 심지어

마지막 24회는 96분이다. 최근 인기를 끈 〈오징어 게임〉도 2회는 62분
이지만 8회는 32분에 불과하다.

> 편집 시간에 구애받지 않고, 시청자가 자유롭게 시청 시간을 정할 수 있는 점
> 이 장점이라고 생각합니다. _ EB

또한 기존 방송 드라마는 드라마 마지막에 다음 회를 보게 하기 위해
클리프행어cliffhanger(궁금증을 유발하는 엔딩)를 중요하게 설정하고, 예고
편을 넣는다. 그러나 넷플릭스 오리지널은 몰아보기를 강조하기 때문에
클리프행어가 약하고 크레디트를 안 보고 다음 회로 넘어가는 '다음회
보기'가 기본 옵션이고, 2회부터는 '오프닝 건너뛰기' 옵션도 제공하고
있다.

5) 사전 제작을 통한 드라마 영상의 고품질화

한국 드라마의 장점 중의 하나로, 시청자의 반응을 보면서 대본을 고
치기 때문에 스토리가 재미있다는 평가도 있다. 그러다 보니 드라마가
마지막 회로 갈수록 당일에 찍고 편집해 방송하는 경우까지 발생했다.
이러한 환경에서 제작을 하다 보니 자주 방송사고가 일어났다. 주요
사례를 보면, 2012년 5월 23일 KBS2에서 방송한 〈적도의 남자〉는 19회
마지막 10분 분량의 테이프가 방송을 송출하는 주조정실에 전달이 되지
않아 방송 사고가 났다. 2015년 5월 16일 SBS 〈펀치〉 마지막 회는 6회
분으로 나누어 편집되면서 40여 초간 정지 화면이 나갔다. 2017년 12월
24일 방송된 tvN 〈화유기〉 2회는 와이어를 지우지 않은 영상을 내보내

다가 방송을 중단했다. 2019년 3월 21일 방송된 SBS 〈빅이슈〉는 컴퓨터 그래픽 등 후반 작업이 안 된 상태로 방송이 나갔다.

넷플릭스는 이러한 사고가 일어날 수 없다. 넷플릭스 오리지널은 한 번에 공개하기 때문에 완벽한 편집본이 공개된다.

넷플릭스는 사전 제작이 필수여서 좋은 영상, 사운드 퀄리티를 만들 수 있는 것 같습니다. _ FE

정해져 있는 방송 스케줄에 만들어서 송출해야 하는 제작 방식이 아닌 전체 결과물을 촬영 후 포스트 작업에 임할 수 있어서 조금 더 퀄리티 있는 제작물을 만들어낼 수 있다고 생각한다. _ CD

대본이 무조건 끝나야 슛이 들어간다. 물론 촬영하면서 디테일한 부분의 수정은 계속했다. 대본이 다 나와 있는 상태에서 1, 2부 찍고, 3, 4부 찍고 하는 식으로 진행했다. _ 윤신애 스튜디오 329 대표(박재환, 2020)

국내 방송사의 작품을 서비스하는 경우에도 최소 3~5주 전에는 넷플릭스에 완성본을 넘겨 자막과 더빙 등의 작업을 거쳐 각국에 공개한다.

6) 글로벌 190개 국가 동시 유통

지금까지 해외에 콘텐츠를 판매할 경우, 개별 국가의 방송사를 상대로 해당 국가 내에서 독점적으로 방송하는 권리와 전송권을 판매해 왔다. 대표적으로 프랑스 칸에서 열리는 MIPTV, MIPCOM, 일본 TIFFCOM,

미국 NATPE, 홍콩 FILMART, 한국 BCWW 등의 국제 견본시에서 드라마를 사고팔았다. 이렇게 하면 많은 노력이 들어간다. 국가별로 별도의 계약서를 체결하기 때문이다. 190개국에 판매한다면 190번 계약을 해야 하고 콘텐츠를 전달해야 한다.

이에 반해 넷플릭스를 통해서 드라마를 유통하면 전 세계 190여 개국에 유통할 수 있다는 장점이 있다. 넷플릭스가 발표하는 영화와 TV 콘텐츠 순위를 정리하고 있는 플릭스패트롤을 보면, 2020년 11월 전 세계 톱 100에서 9위를 기록한 tvN의 〈스타트업〉은 33개 국가에서 30일 동안 순위에 올라 있다. 기존에는 이와 같은 통계를 낼 수가 없었는데, 넷플릭스를 통해 이러한 현황을 파악할 수 있게 되었다.

> 우선 단 시간 내 190여 개국의 공급은 상당한 메리트라고 생각합니다. 각각의 지역에 개별 조건을 맞춰 판매하는 복잡한 방식을 거치지 않기에 좋다고 생각합니다. _ EA

〈좋아하면 울리는〉의 이나정 감독도 한국국제문화교류진흥원이 2019년 9월 개최한 '2019 아시아 TV 드라마 콘퍼런스'에서 글로벌 유통의 장점을 밝혔다.

> 과거에도 한국 드라마가 해외로 수출되는 사례는 많았지만, 이처럼 수십 가지의 언어로 자막을 제공하고, 해외 팬들이 공감할 수 있는 맞춤형 홍보가 동시다발적으로 이뤄지는 것은 처음 봤다.
> 한류, 더 나아가 한국 대중문화를 해외에 알릴 수 있는 너무나 좋은 기회이다(한광범, 2019).

- MIPTV (프랑스)
- MIPCOM (프랑스)
- TELESHOW (러시아 모스크바)
- Mediacast (영국)
- NATPE Europe (체코 프라하)
- World Content Market (러시아 모스크바)
- World Content Market (우크라이나 오데사)
- 국제방송박람회(IBC) (네덜란드 암스테르담)

- NATPE (미국)
- NAB(The National Association of Broadcasters) (미국)
- WCA (미국)

- DISCOP Africa (남아프리카공화국 요하네스버그)
- TIFFCOM (일본)
- STVF (중국)
- Sichuan TV Festival (중국)
- China International TV Program Exhibition (중국)
- FILMART (홍콩)
- ATF(Asia Television Forum) (싱가포르 국제방송영상물 견본시)
- Big Entertainment Show (아랍에미리트 두바이)
- Media Marketing Show (아랍에미리트 두바이)
- TTF(Taipei TV Festival) (대만)
- BIRTV(Beijing International Radio/TV/Film Equipment Exhibition) (중국)
- BCWW (대한민국)

- Rio Content Market (브라질 리오데자네이루)
- Jornades Internacionales (아르헨티나 부에노스아이레스)

그림 21 주요 국제 견본시 현황
자료: 한국콘텐츠진흥원(2014: 13).

글로벌 유통의 효과는 〈미스터 선샤인〉과 〈킹덤〉을 통해 알 수 있다 (유건식, 2019: 323~325). 〈미스터 선샤인〉이 전 세계로 유통되면서 해외 각국에서 댓글, 검색, 트위트 등 상당히 많은 버즈가 일어났다. 〈미스터 선샤인〉이 방영된 기간(2018년 7월 7일~9월 30일) 동안 해외 소셜미디어 버즈량이 많았던 상위 10개국을 보면 인도네시아 6763건, 태국 5058건, 필리핀 3098건, 말레이시아 2413건, 브라질 2095건, 일본 1891건, 중국 1149건, 싱가포르 1128건, 영국 707건, 인도 681건의 순이었다. 11~20위 는 프랑스, 캐나다, 멕시코, 아르헨티나, 스페인, 이탈리아, 이라크, 독 일, 터키, 대만 순서였다(함영훈, 2018). 이처럼 전 세계에서 이 드라마를 볼 수 있다는 것은 새로운 형태의 배급 방법이 탄생했음을 의미하는 것 이다. 또한 LA에서 콘텐츠 업계에 종사하고 있는 지인에 따르면 〈미스 터 선샤인〉에 대한 외국인의 관심이 증가하면서 외국인들이 자연스럽 게 드라마에 나오는 한국의 역사에 대해 궁금해하기 시작했고 이를 주

위의 재외 한국인에게 물어보았다고 한다. 따라서 재외 한국인들이 대답해 주기 위해 〈미스터 선샤인〉뿐만 아니라 한국의 역사를 공부하는 효과가 나타나기도 했다. 〈킹덤〉도 앞에서 소개했듯이 아마존에 갓이 인기 상품으로 등장하는 계기가 되기도 했다.

미국은 물론 프랑스, 독일, 스페인, 러시아 매체까지 〈킹덤〉 리뷰를 내보낸 것을 보면 넷플릭스라는 글로벌 유통 플랫폼의 위력을 실감할 수 있다(이문원, 2019).

그러나 한 번에 유통을 하기 때문에 기존 콘텐츠 유통 조직이 행했던 개별 국가와의 접촉이 상당히 줄어드는 단점도 있다. 방송권 유통이 가장 수익이 컸는데 이러한 부분은 모두 포기할 수밖에 없다. 심지어 JTBC는 해외 마케팅팀의 역할이 감소해 해체까지 검토하고 있다고 한다.

7) 제작 과정의 체계화

한국의 드라마 제작 역량은 세계적인 수준에 이르렀다. 2017년 필자가 푸에르토리코 방송사 WIPR TV를 방문했을 때 더글러스 멘도자Douglas Mendoza 편성국장은 "제작자로서 세계의 드라마에 대해 항상 관심이 많으며, 남미에서는 베네수엘라가 가장 드라마를 잘 만든다고 생각하고, 한국의 드라마 제작 수준에 대해 매우 높게 평가한다. …… 이렇게 우수한 한국 드라마를 소개하기 위해 방문해 준 것이 영광이며, 한국 드라마가 베네수엘라 드라마처럼 남미 30개국에서 방송될 수 있다고 생각한다"라고 말했다.

그럼에도 한국의 제작 시스템은 세계적인 수준에 미치지 못해, 체계화될 필요가 있다. 넷플릭스가 제작에 뛰어들면서 그런 부분이 개선되고 있다. 넷플릭스는 제작 과정에서 관계자의 참여를 활성화하고 있다. 한국 드라마는 촬영한 영상을 연출과 편집자 등 소수만 보았는데, 넷플릭스 드라마는 매일 촬영이 끝나면 관계자와 공유하고 있다.

넷플릭스의 제작은 짜임새 있는 스케줄과 적합한 제작 환경으로 효율적인 제작이 되고 있다. _ DD2

넷플릭스 드라마를 제작하려면 한국에서는 별로 들지 않는 E&O[30] Error & Omission 보험[30]을 가입해야 한다. 이것은 제작에 문제가 생겼을 때 대부분 커버가 되는 것으로, 넷플릭스와 제작을 할 때는 의무적으로 가입해야 한다. 촬영 시 제작 촬영 현장을 공유해 주고 촬영이 끝나면 OK 컷을 공유해 주어 항상 리뷰를 할 수 있는 시스템을 갖췄다. 촬영 현장에 가능한 한 최소한의 매니저만 들어갈 수 있도록 하여 매니저로 인해 제작이 침해받지 않도록 한다. _ DA

드라마 특성에 맞게 효율적으로 진행되도록 제작 과정이 운영된다. _ CA

2019년 KBS2에서 방송한 〈동백꽃 필 무렵〉의 경우 방송이 끝날 때까지 계약이 완료되지 않아 이 글을 쓰는 현재까지 최종 소송이 진행되

---

30) 넷플릭스 오리지널 중에 매우 인기가 있었던 〈퀸스 갬빗〉이 있다. 조지아 국적의 실존하는 전설의 체스 여왕 노나 가프린다슈빌리(Nona Gaprindashvili, 80세)가 드라마의 마지막 회에서 본인을 남성과 붙어본 적이 없는 여성 선수로 묘사한 것이 사실과 달라 체스의 여성 선구자인 자신에게 굴욕을 주고 성차별을 했다는 이유로 미국 LA 연방법원에 500만 달러의 보상을 요구하는 소송을 냈다(Patten, 2021b). 만약 제작사가 E&O 보험에 관련 항목을 넣었다면 소송에 지더라도 보험으로 해결할 수 있다.

고 있을 정도이다. 넷플릭스는 제작에 들어가기 전에 계약이 되지 않으
면 촬영도 진행이 되지 않는다.

넷플릭스와 드라마 〈○○○〉는 촬영 계획을 다 세워놓았다가 계약이 체결되
지 않아 제작을 취소했어요. 1달 정도 후에 계약이 체결이 되어 촬영을 하고
있어요. _ GA

〈킹덤〉을 제작한 이상백 에이스토리 대표는 ≪이코노미 조선≫과의
인터뷰에서 "넷플릭스와 일하기 시작했다. 기존 한국 방송사와 일하는 것
과 어떻게 달랐나"라는 질문에 계약서 분량이 30장 정도로 구체적이라
고 답했다.

넷플릭스는 법률적인 권리 관계를 아주 구체적으로 짚고 넘어간다. 계약서 양
부터 다르다. 한국 방송사와 쓰는 계약서 분량이 5~6장 정도라면, 넷플릭스는
30장 정도는 됐다. 저작권, 기술 등 분야별로 계약이 세분화돼 있다. 선진 시장
에서 콘텐츠 사업자들이 어떻게 일하는지 배울 수 있었다. 또 제작을 협의하는
과정에서 의사결정도 매우 빨랐다. 넷플릭스 측이 우리 대본을 보더니 소속 프
로듀서랑 미팅 한 번 하고 일사천리로 일을 진행시켰다(이민아, 2019d: 20).

CJ ENM의 강호성 대표가 '비전 스트림' 행사에서 "K콘텐츠는 글로벌
수준으로 인정받는데, 이를 지탱하는 산업 구조는 성장하지 못해 비대
칭이 발생한다"라고 주장한 것도 이와 일정 정도 맥을 같이한다. 제작사
들이 기존 플랫폼에서 안정적인 수익을 바탕으로 선순환 구조를 구축하
지 못하면 글로벌 사업자에게 기대게 되고, 결국 해외 플랫폼에 IP를 공

급하는 하도급자로 전락할 수밖에 없는 상황이다(유승목, 2021).

8) 제작진에 대한 배려

필자가 드라마국에서 비즈니스 매니저 1호가 되어 근무하면서 외주 드라마 계약을 전적으로 맡아서 경험한 바에 의하면 방송사와 제작사 간에 권리와 제작비를 놓고 상당한 갈등이 존재한다. 방송사 감독과 제작사 사이의 갈등도 상당하다. 왜냐하면 감독은 제작비에 책임을 지지 않고 작품성에만 집중하기 때문이다.

반면, 제작사가 넷플릭스와 작업을 하면 국내 방송사와 제작하는 것보다 더 배려해 주고 합리적으로 진행이 된다는 평가가 많다.

넷플릭스는 후반 공정이 전문화되어 있고, 편집본에 대한 피드백 과정이 좋다. 한국에 비해 파트너를 존중해 준다. _ DD

〈킹덤〉을 제작한 이상백 에이스토리 대표는 ≪이코노미 조선≫과의 인터뷰에서 넷플릭스와 작업 이후 달라진 점을 밝혔다.

작가의 상상력을 제약하지 않아도 된다는 것이다. 요즘에는 에이스토리 소속 작가들에게 '써보고 싶었던 이야기, 아무거나 재밌게 써봐라'라고 한다. 예전에는 판타지 장르나 괴물이 등장하는 이야기들 같은 것은 '이런 걸 지상파에서 어떻게 틀어?' '바보 아냐?' '미국 가서 해'라는 식으로 비아냥거리는 농담을 했다. 이제는 그런 문화가 없어졌다(이민아, 2019d: 21).

그리고 넷플릭스는 실제로 넷플릭스와 계약했을 때 프로듀서, 작가, 감독 등의 창작자들이 보여주고 싶은 것을 다 보여줄 수 있도록 지원한 다고 답했다.

창작의 자유를 보장한다. 필요하다면 기술의 한계도 뛰어넘을 수 있도록 돕는 다. 가령 최근 공개된 공상과학(SF) 영화 〈블랙미러: 밴더스내치Black Mirror: Bandersnatch〉 같은 콘텐츠는 기존에는 기술의 제약 때문에 제작하기 어려웠던 작품이다. 창작자가 보여주고 싶은 비전을 보여줄 수 있도록 기술 지원에 최 선을 다한다(이민아, 2019c: 23).

넷플릭스는 한국국제문화교류진흥원이 2019년 9월 개최한 '2019 아 시아 TV 드라마 콘퍼런스'에 참가해 〈블랙미러: 밴더스내치〉, 〈유성화 원流星花園〉 등 넷플릭스 오리지널 콘텐츠 창작가들과 토론 세션을 진행 했다. 이 자리에서 롭 로이Rob Roy 넷플릭스 아태지역 콘텐츠 총괄 부사 장은 한국산 콘텐츠의 글로벌 진출을 위해 한국 창작가 커뮤니티에 지원 을 강화하겠다고 밝혔다.

〈킹덤〉을 쓴 김은희 작가도 넷플릭스가 부여한 창작의 자유에 대해 의견을 피력했다.

넷플릭스가 아니었다면 표현에 있어 몰입이 깨진다거나 개연성이 부족한 상 황이 올 수 있었을 것이다. OTT 환경에서 작업을 하니 자유로움이 극대화됐고 좋은 작품이 나올 수 있었다(한광범, 2019).

삼정KPMG 경제연구원은 "넷플릭스가 높은 품질의 작품을 확보하는 비결 중 하나는 실력 있는 콘텐츠 제작사들에 대한 권한 위임과 창작에 대한 자유 보장"이며 〈옥자〉는 봉준호 감독에게 제작 전권을 보장했고, 〈킹덤〉도 일체 간섭 없이 창작자에게 자유를 보장해 독창적인 작품이 탄생했다고 분석했다(이유미, 2020). 그러나 시간이 지나면서, 현장에서 간섭과 통제가 심해지고 있다고 느끼는 경우도 생기고 있다.

일본에서도 비슷한 양상이다. 일본의 제작사가 제작위원회 방식으로 수익을 내기 어려운 상황에서 넷플릭스가 애니메이션 제작사들에게 필요한 비용을 직접 지급하기 때문에 일본 애니메이션 제작사들이 넷플릭스와 작업하기를 원한다. 또한 일본의 제작위원회처럼 작품의 전개 방향이나 스토리, 결말에 대해 간섭하지도 않는다. 따라서 일본 애니메이션 업체들은 넷플릭스와 작업하면서 제작위원회의 눈치를 보지 않고 마음껏 작품을 만들 수 있다. 이렇게 해서 넷플릭스는 2018년부터 2019년 6월까지 총 10편의 넷플릭스 오리지널 일본 애니메이션을 공개했고 앞으로 10편을 추가로 공개할 계획이다. 그 외로 넷플릭스는 〈신세기 에반게리온〉을 포함한 총 25편의 일본 애니메이션 작품의 독점 판권을 보유하고 있다(박정훈, 2019).

9) 공격적인 마케팅

넷플릭스는 새로운 드라마를 띄우기 위해 많은 예산을 사용하여 공격적으로 마케팅을 펼친다. 미국판 〈굿닥터The Good Doctor〉의 경우에도 시즌1을 시작할 때 약 150억 달러를 책정했다고 한다. 넷플릭스는 이와 같은 방식을 한국에 적용하고 있다. 새로운 드라마를 시작할 때 지상파 TV 광고는 물론이고 전광판, SNS 등에 마케팅한다. **그림 22**는 국회의

그림 22 넷플릭스 광고
자료: 국회의사당역, 2020.10.26 촬영.

그림 23 〈보건교사 안은영〉광고
자료: 네이버 포스트-넷플릭스.

사당역에 붙어 있는 벽면 광고이고, **그림 23**은 남산터널 입구에 붙은 대형 옥외 광고판이다.

> 할리우드 영화는 100으로 찍었다 하면 퀄리티가 잘 나오면 200 이상을 마케팅 비용으로 쓰기도 한다. 이것은 한국의 어떤 플랫폼보다 잘하는 것이라고 생각한다. 넷플릭스는 공격적인 마케팅을 잘한다. 전 세계적으로 하니까 브랜드를 알리는 데 도움이 된다. _ AA

3. 넷플릭스 제작 드라마의 단점은?

제2장에서 살펴보았듯이 넷플릭스가 국내 드라마 산업에 많은 긍정적인 영향을 미치기는 하지만 부정적인 면도 있다. 한국 제작사가 넷플릭스에 종속되어 하청 기지화할 수 있다는 우려도 있고, 넷플릭스가 저작권을 전부 소유하는 문제와 제작비의 급상승, 망 중립성 문제, 역외 탈세 등의 부정적인 측면들이 존재한다.

1) 제작 기간이 길다

한국 드라마의 장점은 짧은 기간에 품질 좋은 드라마를 제작하여 효율성이 높다는 점이다. 일주일에 60분 분량 2회를 제작하여 방송한다고 하면 미국의 드라마 관계자는 깜짝 놀란다. 미국의 시즌은 보통 9월부터 다음 해 4~5월까지 일주일에 한 회씩 20편 내외를 방송한다. 그것도 빅게임 같은 스포츠 특별 이벤트가 있으면 쉰다. 심지어 12월 한 달은 드라마를 방영하지 않는다.

넷플릭스 드라마는 이러한 방식과 달리 할리우드의 규칙을 따르다 보니 한국의 기존 드라마보다 제작 기간이 길다.

제가 겪은 넷플릭스의 제작 방식은 사전 제작이라고 말할 수 있습니다. 방송 2주 전에 오디오(최종 완성본)를 확정해 줘야 해서 긴급한 심의(협의) 사항이 발생할 경우 전체 러닝타임을 조절할 수 없고, 비디오 인서트로 심의에 대응해야 하는 불편함이 있었습니다.

이 외에는 사전 제작이 가진 단점으로 제작 일정이 늘어져서 제작비가 추가로 소요된다든가, 연기자가 제작의 융통성이 있기에 스케줄 협상이 많이 들어와서 합리적인 촬영 일정을 만들지 못하는 아쉬움이 있었습니다. _ FE

제작 관리에서 가장 신경을 쓰는 부분이 총촬영일수이다. 이에 따라 제작비 차이가 많이 나기 때문이다. 16부작 기준으로 90일 전후 촬영하던 것이 주 52시간 도입으로 110일이 넘어가고 있다. 제작 기간이 길어지면 자연스럽게 제작비가 증가하게 된다.

방송 스케줄에 쫓기지 않다 보니 제작 기간이 다소 길어져 제작비가 증가될 수 있는 단점이 있다. _ CD

또한 한국의 드라마가 쪽대본이라는 오명을 쓰고는 있지만, 시청자의 반응을 순발력 있게 반영하는 장점이 있다. 반면, 넷플릭스의 드라마는 제작 기간이 오래 걸리기 때문에 국내 방송사의 특징 중의 하나였던 시청자의 시의적 반응을 반영하기 어렵다.

제작 기간이 기존 한국 드라마에 비해 길어서(론칭까지 보통 2년) 시의성 있는 내용이나 한국 드라마 특유의(문제이기는 했지만……) 순발력은 부족하다. _ CA

역동적으로 변화하는 한국 시청자들의 의식이나 입맛에 부응하기는 상대적으로 어렵다고 생각한다. _ FC

2) 넷플릭스에 대한 제작 산업의 종속

넷플릭스가 국내 방송사에 비해 많은 제작비를 지급하면서 이윤을 보장하고 제작의 자율성을 보장하기 때문에 국내 제작사의 넷플릭스 쏠림 현상이 일어나고 있다. 이에 따라 **그림 24**에서 보는 바와 같이 제작 부분의 해외 자본 의존도가 상승하면서 해외 자본에 종속되어 국내 콘텐츠 산업의 위기를 초래할 수 있다.

단점은 분명히 존재하지만 현 시장 상황에서 양질의 콘텐츠를 만들 수 있는 유

그림 24 콘텐츠 산업의 악순환 구조
자료: 천혜선(2010: 27).

일한 기회라고 생각합니다. 다만 납품업자나 내 것이 아닌 대행업자의 수준으로 돌아가는 것 자체는 단점이라고 생각합니다. _ EA

저는 넷플릭스를 시한폭탄으로 생각하는 게 넷플릭스 오리지널을 기준으로 말씀드리면, 그러면 이들이 저희한테 국내 제작비를 좀 더 상회한 금액을 주거든요. 물가를 많이 상승시켰어요. 〈킹덤〉도 그렇고요. 그 과정에서 돈을 올려주고 한꺼번에 개시를 땡길 수 있다고 해서 이렇게 러시가 이루어졌고, 특히 영화 하는 사람들이 그렇게 진을 쳐요. 드라마 제작사도 그렇구요. 영화 프로듀서들이 (말하는 바에 따르면) 한국 영화가 재미가 없어진 게 두 가지잖아요. 하나는 배급사와 투자사들 위주로, 될 만한 영화에만 쏠림 현상이 있다 보니 힘들고, 그다음 좀 다른 드라마 장르라든가 다른 생각해 볼 수 있는 장르가 흥행성이 떨어질 것 같다는 이유 때문에 전멸했으니까.

당장 100억 정도면 1할은 무조건 보장해 주니까 10억 번다 생각하고 마치 골드러시처럼 달려왔는데 지금 넷플릭스가 말도 안 되는 월권을 부리는 부분들이 있어요. 보통의 드라마보다 15~20% 더 줘서 정말 그때 당시 금액으로 되게 합리적이라고 생각을 했었습니다. 그리고 어차피 제작은 제가 하는 거니까 시즌2 가게 되면 자연스럽게 저랑 하게 될 것이고……. 그런데 계약서에 너무나 명확하게 룰로 정하는 것은 시즌2를 너랑 갈지 안 갈지도 모르는 거야, IP는 영원히 우리 거야. 시퀄(후속작) 등 관련한 모든 것들, 음악이든 뭐든, 넷플릭스가 촬영한 오리지널 원본 소스 전체를 다 요구해요. 그래서 나중에 어떻게 재편집을 할지 모르기 때문에. _ BA

이러한 인식은 계속 확산되고 있다. MBC 〈마이 리틀 텔레비전〉 시즌2를 연출하고 카카오로 이적한 권성민 PD도 "해외 플랫폼에 지속적으로 종속되는 현상은 결국 국내 콘텐츠 시장이 납품업체로 전락되는 결과로 이어질 것"이라고 전망한다(권성민, 2021: 111).

3) 저작권 불인정

드라마 제작 현장에서 그동안 제작사가 방송사에 제기해 온 가장 큰 불만이 기획과 제작을 다 책임지고도 저작권을 방송사에 넘긴다는 것이었다. 물론 국내외 판매 수익의 일정 부분을 일정 기간 동안 배분하거나 제작사가 모든 권리를 갖고 방송사가 방송권만 갖는 구조도 있다. 그러나 넷플릭스는 이보다 더하다. 넷플릭스 오리지널의 경우 모든 권리를 넷플릭스가 갖는다는 원칙을 적용하고 있고, 구매의 경우에도 영원히 서비스할 수 있는 권리를 요구하고 있다.

제작에 참여하는 작가나 배우도 저작인접권에 따라 재산권을 행사할 수 없게 된다. 국내 드라마를 제작하여 방송하면 작가와 배우는 재방송이나 국내외 드라마 판매에 따라 저작권 신탁 단체인 작가협회나 실연자협회에서 일정 비율의 저작료를 받았는데, 넷플릭스 드라마를 하게 되면 이에 대한 수익이 전혀 발생하지 않는다. 물론 국내 드라마에 비해 작가료나 출연료를 많이 받기 때문에 그에 상응하는 금액을 미리 받는다고 생각할 수도 있다. 그럼에도 드라마가 흥행했을 때 창작자가 장기적으로 누리는 혜택을 감안하면 충분한 보상이 안 될 경우가 발생할 수 있다.

> 지금 넷플릭스가 말도 안 되게 월권을 부리는 부분들이 있어요. 한국의 작가들은 작가협회 회원이니까 신탁이 돼 있어서 따박따박 재방료가 있어요. 그리고 배우들도 배우조합에서 재방료를 받기도 하고, 특히 문제가 되는 게 음악 저작권이에요. 근데 방송사는 큰돈을 들여서 저작권협회와 계약을 해가지고 자신에게 써먹은 만큼 페이(지급)를 한단 말이죠. 재방할 때마다 페이를 주고요. 넷플릭스는 거기에서 걸리는 게 하나도 없어요.
>
> 거기에 참여한 모든 사람들이 어쨌든 다른 작품을 하는 것보다 훨씬 많은 금액을 받고 했기 때문에 영원히 내 권리를 주장하지 않겠다고 하는데, 제가 볼 때는 그다지 많이 주지 않았는데 작가나 음악가들이나 배우들이나 다 오케이를 하고 이렇게 가는 것이 무슨 조화인지 모르겠어요. _ BA

〈오징어 게임〉이 전 세계 94개국에서 1위를 하고, NBC 〈투나잇 쇼〉에 출연할 정도로 인기가 있어도 제작사에는 추가적인 수익이 없다. 황동혁 감독도 이를 알고 계약을 했다고 했지만, 넷플릭스는 엄청난 수익을 얻는 반면에 추가 수익이 없으므로 조금은 억울할 것 같다.

4) 추가 수익 배분 없는 구조

누구나 성과가 발생하면 자신의 기여분에 대해 수익 배분을 기대한다. 미국에서도 프로듀서는 작가나 배우, 감독과 계약할 때 별도로 수익 배분율을 협상한다. 넷플릭스는 이 모든 것을 인정하지 않는다.

제작사의 입장에서는 우수한 콘텐츠를 제작하고도 제작비 총액의 15% 내외에 해당하는 이윤 외에는 추가 수익은 없다.

〈○○○〉이 이렇게 터져서 부가사업으로 뭔가를 하기는 하지만 그들(넷플릭스)이 갖는 이익에 비하면 우리는 업사이드(추가 수익)가 없으니까 허망한 것이다. 그런 비즈니스가 한두 번 좋은 예로 결과물로 반복되고 일정 수익의 고정지분만 받고 끝나면 안정적이라고 볼 수 있지만 바람직하다고 볼 수는 없다.

넷플릭스는 부가사업 일부 외에는 수익을 안 주려고 한다.

저작권을 다 넘겨야 하고, 그래서 업사이드가 없다. 제작비 많이 받아서 할 때는 열심인데, 생각해 보면 넷플릭스에 도움이 되는 것이지 우리에게는 이익이 떨어지는 것이 아니다. 그게 터지면 인센티브를 주든지 포상을 해야 하는데 없다. 그리고 부가사업도 100% 주는 것이 아니고 거의 나누는 것이다. 계약하기 나름인데, 그냥 다 주지는 않는다. 우리가 사업을 다 만들어서 바쳐야 하지만, 궁여지책으로 하는 것이다. 업사이드가 없는 것이 가장 크다. 우리나라에서만 그런 것이 아니라 미국에서도 그렇다. 우리가 하청업체냐는 생각이 든다. _ AA

넷플릭스는 수익 배분도 하지 않을 뿐만 아니라 드라마의 조회수, 시청 시간 등 성적을 공개하지 않는다. 아마도 성과가 좋을 경우 제작비로 지급하는 금액과 수익을 비교할 수 있고, 수익성이 좋으면 더 많은 제작비나 권리를 요구할 수 있기 때문이 아닐까 생각한다.

> 예전엔 시청률이 드라마의 성적표였는데, (넷플릭스가 성과 지표를 알려주지 않기 때문에) 〈킹덤〉은 인터넷상 반응이 성적표다. _ 이상백 에이스토리 대표 (이민아, 2019d: 20)

한국의 콘텐츠가 넷플릭스를 통해 글로벌 시장에서뿐만 아니라 동남아시아 플랫폼에서도 훌륭한 평가를 받고 있고, 2021년에는 디즈니+, HBO 맥스, 애플TV+ 등이 국내 시장에 진출할 예정이기 때문에 넷플릭스와 콘텐츠 계약 시 저작권과 관련해서는 강하게 주장을 할 필요가 있다.

실제로 미국은 2020년부터 감독과 작가가 추가 수익을 받고 있다. 미국감독조합Director's Guild of America은 2020년 4월 미국제작자협회AMPTP: Alliance of Motion Picture and Television Producer와 SVOD에 대한 저작인접권료residuals 와 연금을 포함한 3년 계약을 체결했다. 2020년 7월 1일부터 효력이 발생하고, 넷플릭스 같은 스트리밍 플랫폼은 1시간 드라마의 경우 2년째부터 3년간 7만 3000달러 이상을 저작인접권료로 지급해야 한다(Giardina, Handel, 2020). 작가조합도 2020년 7월 미국제작자협회와 계약을 맺고 저작인접권료 하한선에 대해 3년 계약을 체결했다. 60분 드라마의 경우 2021년 5월 2일부터 2023년 5월 1일까지 스토리 1만 7827달러, 극본 3만 1601달러, 스토리 및 극본 4만 4570달러를 저작인접권료로 규정해 놓았다. 지급액은 공개 후 연도와 가입자 규모를 곱해서 정해진다. 공개 후 연도에 따라 첫해는 제작비의 45%, 다음 해는 40%, 3년 35%로 감소하다가 12년 이후에는 1.5%가 기준이다. 가입자는 미국 가입자로 한정되며 100만 명 20%, 500만 명 미만 40%, 2000만 명 미만 65%, 4500만 명 미만 100%, 4500만 명 이상 150%이다(WGA, 2020: 48).

5) 제작비 상승

넷플릭스가 진출하면서 가장 큰 영향을 준 것은 대작 드라마 제작이 가능해진 것이다. 넷플릭스가 한국에 진출하던 2016년, 드라마 회당 4억 원 선이던 제작비가 2020년 많게는 평균 8억 원까지 상승했다.

세상의 모든 일이 양면이 있는 것처럼 이것도 그렇다. 넷플릭스는 한국에서 미국 드라마의 10분의 1 정도 되는 금액으로 제작을 한다. 이렇게 많은 제작비를 사용해도 넷플릭스에서 실소요 금액을 지급하기 때문에 제작이 가능하다. 그러나 이렇게 넷플릭스 드라마 제작비가 급상승하면서 2010년 초에 비해 드라마 제작비가 약 3배가량 급상승하는 결과를 낳기도 했다.

> 미국식의 딜은 향후 일어나는 신디케이션에 대해서 미리 다 쏟아주는 것이에요.
> 그렇게 해서 넷플릭스가 미국 최고 큰손인데, 한국에서는 평균보다 조금 더 상회하는 비용으로 (저작권을) 영원히 갖는 거예요. 그런데 우리는 지금 우리 걸 못 줘서 안달입니다. _ BA

넷플릭스가 국내 드라마 제작에 기여도 많이 했지만, 해외 유통을 넷플릭스 하나로 한정해 놓기 때문에 자칫 앞으로 한류가 사라질 수도 있다는 위기감까지 돌고 있다.

(그동안) 방송사 ○○○ 자체가 스튜디오 노릇을 하면서 제작사와 협력하고 넷플릭스에도 팔았는데, 이제는 안정된 수익을 얻지 못하는 구조가 됐어요. 지금까지는 방송사가 뒤에서 저작권료도 다 내주고, 이 생태계가 돌아갈 수 있도록 버텨주었던 큰집이죠. 넷플릭스는 그런 진입장벽을 안 거쳤어요. 그래서 저는 이게 이렇게 해서 3년 정도, 1~2년 정도만 더 가도 한류 자체가 없어질 것 같은 거예요. _ BA

넷플릭스 구매 오리지널의 경우에도 제작비를 만회하지 못하는 경우가 발생한다. 지상파에서 시청률이 일정 수준 나오지 않거나 광고주의 반응이 없으면 적자를 면하지 못한다. 왜냐하면 넷플릭스에 공급하면 10년간 독점이므로 국내외에는 더 이상 판매를 할 수 없기 때문이다.

6) 제작자들의 바람

넷플릭스 드라마 제작자들에게 향후 드라마를 제작하면서 넷플릭스에게 바라는 바를 들어봤다. 첫째는 넷플릭스가 국내 제작사의 기획안을 결정하는 시간을 단축했으면 한다는 것이다.

현재 넷플릭스에 편성되거나 투자를 요청하는 제작사는 많은데, 대본의 검토 속도가 너무 느려서 제작사들이 애를 먹는 걸로 알고 있습니다. 배우가 결정돼 있으면 그나마 패스트 트랙을 타지만, 의사결정이 느려서 그 과정에 배우가 출연을 못 하는 경우도 있는 만큼, 편성이나 투자 결정을 좀 더 빨리 해주는 게 한국 제작사에 도움이 될 것 같습니다. _ FE

피드백이 다소 느리다. _ BB

둘째, 넷플릭스는 190여 개국에 동시에 공개되기 때문에 한국 시장만을 위해 제작하지는 않는다. 그럼에도 국내 이용자를 위한 작품을 선택해야 한다는 것이다.

글로벌 플랫폼으로서 해외에 경쟁력 있는 콘텐츠의 선택도 중요하지만, 국내 (한국) 문화와 정서를 이해하고 그에 걸맞은 콘텐츠도 제작하거나 구매하기를 희망한다. _ ED

외국의 넷플릭스 시청자들과 다른 한국 시청자들의 정서에 대한 배려가 필요하다. _ FC

셋째, 넷플릭스가 한국에서 제작을 지속하려면 한국 제작 시스템에 대한 이해가 높아져야 한다.

넷플릭스는 글로벌 표준을 따르지만 로컬인 한국식 시스템에 대한 이해가 필요하다. _ BC

음악 사업과 관련해서 한국의 시스템과 다른 부분이 있어서 충분한 설명이 필요하며 합의점을 찾아야 한다. _ CD

일부에서는 넷플릭스가 이미 한국 방식을 반영하고 있다는 의견도 있다.

넷플릭스가 오리지널 제작 시 이미 한국 방식대로 진행하고 있다고 생각한다. _ EE

넷째, 넷플릭스는 작품의 성적을 잘 공개하지 않는다. 현재는 매일 톱 10을 공개하고, 일부 콘텐츠에 대해서는 시청자수 등을 공개하고 있다. 그럼에도 드라마의 성과를 공개하고 좋은 성과가 난 경우 인센티브를 지급해야 한다.

플랫폼(국내 방송사)과 작업할 때 잘되면 인센티브를 준다. 그것처럼 이익 셰어를 오픈해 주면 그것은 더 자극이 된다. 넷플릭스는 전 세계에 한꺼번에 다 나가니까. 〈○○○〉은 저작권을 다 가져왔기 때문에 넷플릭스에게 받는 것보다 10배의 수익이 난다. 물론 〈○○○〉은 텐트폴의 하나로 최고의 비용을 받았다.

넷플릭스는 수익과 관련한 어떤 인포메이션도 주지 않는다. 잘되면 가입자가 늘어난다. 〈○○○〉 하고 가입자가 몇백만이 증가했다고 한다. 전부 〈○○○〉 효과는 아니지만 기여는 했다. 이런 부분을 알 수 없으니 허망하다.

국내외 인기 현황에 대해서는 넷플릭스에서 와서 설명해 준다. "이탈리아는 반응이 없다", "일본은 어떻다", "미국은 어떻다" 등 설명을 해준다. 반응은 3개 등급 정도의 색깔로 구분해 준다. 따라서 제작자 입장에서는 케어(존중)받는다는 느낌을 못 받는다. _ AA

제작사들에게도 인센티브나 IP의 일부(OST 등)를 소유하게 해주고, 판권 보유 기간을 단축하는 등의 개선을 했으면 좋겠습니다. _ EA

다섯째, 국내 이용자를 배려해야 한다. 넷플릭스는 망 사용료와 관련하여 SK브로드밴드와 소송 중이다. 2020년 4월 넷플릭스는 SK브로드밴드를 상대로 망 이용 대가가 없다는 채무 부존재 소송을 제기하여 1심이 끝난 상태이다. 넷플릭스는 SK브로드밴드가 넷플릭스에 필요한 속도(25Mbps)보다 1000배 높은 상품을 팔아놓고 이를 넷플릭스에 전가한다는 입장이다. SK브로드밴드는 넷플릭스를 위해 인터넷 전용망을 확보해 제공하고 있는데, 넷플릭스가 SK브로드밴드의 해외 망을 대가 없이 이용하고 있기에 대가를 지급해야 한다고 주장한다(김평화, 2021). 2020년 4월 넷플릭스가 SK브로드밴드를 상대로 낸 소송이 2021년 6월 1일 1심 판결이 났다. 판결은 '협상의무 부존재 확인'에 대해서는 재판을 더 이상 진행할 필요가 없어 소송을 종결한다는 각하 결정을 하고, '채무 부존재 확인'에 대해서는 넷플릭스의 주장이 타당하지 않아서 받아들이지 않는다는 기각 결정을 했다. 즉, 넷플릭스의 완패였다. 2003년 미국 컬럼비아 로스쿨의 팀 우Tim Wu 교수가 주장한 것으로 트래픽을 유발하는 모든 주체가 동일하게 처리되어야 한다는 개념에 대해 법원은 과도한 트래픽을 차지하는 콘텐츠 공급자에 대한 합리적인 차별은 인정한 것으로 해석된다(유건식, 2021). 넷플릭스가 미국 등 외국에서는 비용을 납부하고 있는 것이 중요한 근거로 작용한 것 같다. 최근 디즈니+가 국내에 진출하면서 국내 통신사에 망 이용대가를 간접 납부하겠다는 의사를 밝힌 것은 향후 이 소송에 영향을 줄 것으로 보인다(박지성, 2021a).

SK브로드밴드는 넷플릭스를 상대로 2021년 9월 망 이용 대가를 반환하라는 소송을 냈다. "인터넷망은 SK브로드밴드 투자를 통해 유상으로 제공됨에도 넷플릭스는 대가 지급 없이 망을 이용해 이익이 증가하는

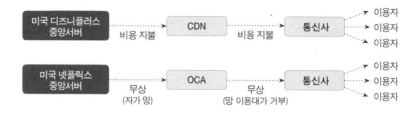

그림 25 넷플릭스와 디즈니+의 국내 망 이용 현황
자료: 박지성(2021a).

반면에 SK브로드밴드의 손실은 지속되고 있다"라는 논지다. 통상 절차에 따라 10억 원을 청구했지만, 2018년 5월부터 계산하고 1년간 소송이 진행된다면 1000억 원에 달할 것으로 추정된다(박지성, 2021a). **그림 25**는 넷플릭스와 2021년 11월 한국에 진출하는 디즈니+의 망 이용 현황을 구분하여 설명한 내용이다. 코로나19 상황에서 유니클로가 네티즌의 타깃이 되어 고전을 한 것처럼, 넷플릭스가 국내에서 공정하지 않은 비즈니스를 하는 글로벌 기업이라는 인식을 얻게 되면 타격을 받을 수도 있다.

마지막으로, 법인세도 성실히 납부해야 한다. 국내에서 월 700억 원 이상의 수입을 올리기 때문에 법인세를 성실히 납부하고, 수익에 대한 소득세도 투명하게 납부해야 할 것이다. 서울지방국세청 국제거래조사국은 2020년 8월부터 넷플릭스에 대해 세무조사를 실시해, 2020년 말에는 조세범칙조사로 전환했다. 이는 이중장부, 서류의 위변조, 허위 계약 등 기타 부정한 방법에 의해 조세를 포탈한 자에게 '조세범처벌법'을 적용해 처벌할 목적으로 실시하는 사법적 성격의 조사이다. 따라서 넷플릭스가 '역외 탈세' 혐의를 받고 있을 가능성이 큰 것으로 추정할 수 있다(진민경, 2021).

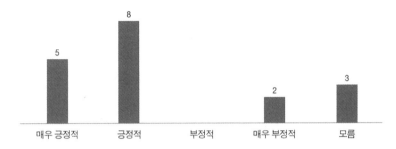

그림 26 넷플릭스가 국내 제작 드라마에 미친 영향(긍정 13명, 부정 2명)
자료: 유건식(2020).

미국에서는 넷플릭스가 불법 유통 근절을 위한 기금을 납부하고 미국 영화협회에 가입하기 위해 많은 노력을 기울였듯이, 국내에서도 이에 상응하는 노력을 기울여야 한다.

4. 국내 드라마에 대한 넷플릭스의 파급효과는?

넷플릭스의 드라마 제작 방식은 분명히 장단점이 공존한다. 이러한 점들을 고려하여 넷플릭스가 한국 드라마 제작시장에 어떠한 영향을 미치고 있는지 알아봤다.

넷플릭스 국내 드라마 제작자들은 대체로 넷플릭스가 국내 드라마 제작 산업에 긍정적인 영향을 미칠 것으로 보고 있다. 인터뷰에 응한 이들 중 13명(72.2%)이 긍정적이라고 답했고, 2명(11.1%)만이 부정적이라고 답했다.

1) 제작 규모의 양극화

2018년 방송 프로그램 표준제작비 조사연구에서는 넷플릭스의 진출에 따라 국내 제작사는 현실적으로 해외 사업자에게 콘텐츠를 제공하거나 투자를 받을 수 있는 회사와 장르가 한정되어 있어 오히려 외주제작 시장의 가장 큰 문제점인 양극화가 심화될 수 있다고 지적했다(노창희 외, 2018: 69).

넷플릭스가 국내에서 〈미스터 선샤인〉에 투자하거나 〈킹덤〉을 제작하기 전에는 드라마들의 제작비 규모가 평균에서 2배를 벗어나지 않는 선이었다. 그러나 〈스위트홈〉을 제작하면서 제작비 차이가 5배 정도까지 벌어졌다. 많은 예산을 투자할수록 성공 확률이 크다는 블록버스터 법칙(앨버스, 2014)으로 미루어볼 때 국내 드라마의 제작 규모도 양극화가 심화될 것이다.

넷플릭스의 투자를 받지 못하는 제작비 소요가 큰 드라마는 당분간 편성되지 못할 가능성이 큽니다. 중국, 일본의 판매가 급감한 후 …… 해외 배급사의 투자가 블록버스터급 드라마의 선결 조건이 되어서 …… 이후 넷플릭스 투자 드라마 대 비넷플릭스 드라마로 제작 규모가 양극화될 가능성이 있습니다. _ FE

(넷플릭스 드라마는) 퀄리티에 대한 시청자의 기대치를 대폭 상승시켰다. 드라마에서 다뤄지는 소재의 폭이 넓어지면서 다양성이 제고될 가능성이 있다. 그러는 한편 지상파, 종편, 케이블 채널에서는 광고 시장이 악화되면서 소수의 고제작비·고퀄 드라마와, 시트콤이나 소프 오페라처럼 저제작비의 드라마로 양극화될 가능성이 높다고 생각한다. _ FC

국내 드라마에 영향을 미칠 것은 드라마 소재와 예산이다. 사실 그런 경험을 해 보면 '역시 이렇게 하면 퀄리티가 나오는구나' 하는 노하우를 쌓을 수 있다. 이 것은 CJ에서는 하기는 하지만 지상파에서는 죽었다 깨어나도 쓸 수 없는 예산을 주니까 특수장비, 미술, 미장센에서 녹아 난다. 그냥 봐도 퀄리티가 차이가 난 다. 한국이 옛날식으로 계속 찍으면 동남아의 수준이 올라오기 때문에 곧 비슷 한 수준이 된다. 결국, 미술 같은 부분을 높이지 않으면 한류는 추월당한다. 그 런 것을 하는 데는 기여한 바가 있다. 제작 수준 전체를 끌어올린 효과는 있다.

많은 제작비를 쓰면서 퀄리티 있는 작품을 해본 경험 있는 사람들이 늘어날 수록 한국의 제작 인프라는 강해진다. 고급 인력이 생긴다고 봐야 한다. _ AA

2) 스토리의 다양성 확대

기존에는 드라마를 제작하려면 제작비 규모를 고려할 수밖에 없었다. 2000년대 중반까지만 해도 해외에서 촬영한 드라마가 많았지만, 점차 해외 로케이션이 부담스러워졌다. 드라마 기획안 심사를 하면서도 과도 한 제작비가 소요될 만한 작품의 경우에는 엄격한 제작비 조달 계획 검 증과 외주 제작비 지급액 및 권리 부분 사전 확인 과정에서 추진되지 않 거나 규모를 축소해 진행되는 경우도 많아졌다.

〈태양의 후예〉도 하나의 사례로 2014년 SBS에서 협의하다가 KBS2 로 넘어와 협상했다. 방송권으로 제작사가 요구한 금액을 SBS가 수용할 수가 없어서 KBS와 협상하게 된 것이다.

이제는 넷플릭스가 국내 드라마에 투자하면서 당시에는 최고로 높은 금액이던 〈태양의 후예〉 제작비가 이제 아주 저렴한 금액이 되었다. 그 러면서 자연스럽게 SF, 스릴러, 호러, 판타지 등 제작비 규모가 큰 드라마를 추진할 수 있게 되었다.

> (넷플릭스를 통해) 안정적 자본을 확보하여 다양한 스토리 제작을 시도할 수 있다. _ BC

> (넷플릭스 드라마를 위한) 기획에 변별력을 갖기 위해 노력할 것이다. 역으로 한국 드라마는 더 보수적인 콘텐츠를 추구할 수도 있다. _ BB

> 다른 변수보다는 이야기 위주로 제작되는 데 도움을 주리라 생각합니다. _ EB

3) 방송사에 대한 의존성 약화

2011년 종편이 출범할 때까지만 해도 드라마를 위한 플랫폼의 서열은 분명했다. 지상파, 케이블(tvN), 종편(JTBC)순이었다. 이제는 넷플릭스, 케이블(tvN), 종편(JTBC), 지상파 순서가 되었다. 그것도 방송사들이 넷플릭스에 압도적으로 밀리면서 제작사는 더 이상 방송사에 얽매이지 않게 되었다.

여기에 포털 사이트 네이버와 다음이 네이버TV와 카카오TV를 론칭했고, 통신사도 자체 스튜디오를 설립했으며, 배송업체인 쿠팡까지 쿠팡플레이를 만들어 콘텐츠를 제작·유통하고 있다. 글로벌 OTT인 디즈니+, HBO 맥스, 애플TV+까지 국내에 진출하면 제작사의 드라마 공급이 방송사를 이탈하는 현상은 더욱 가속화할 것이다.

> (드라마를 제작하는) 공급처가 다변화하게 되며, 이에 따라 전통 미디어에 대

한 의존도를 낮추는 제작 방식이 증가할 것이다. _ EA

디즈니+가 한국에 진출한다면 마찬가지가 아닐까. 제작사들이 한국 방송사와 작업하고 싶어도, 조건이 좋다면 외국 플랫폼으로 갈 수밖에 없지 않나. 방송 사들도 열악한 계약 조건을 개선하고, 작품을 통해 큰 수익이 발생하면 이를 조금이라도 제작사와 나누는 등 상생의 자세가 필요하다. 현재의 계약 관행하 에서는 많은 제작사가 히트 드라마를 제작하고도 열악한 경영 환경을 벗어나 기 쉽지 않다. _ 문보미 HB엔터테인먼트 대표(이민아, 2019b: 16~17)

이러한 부분은 한국콘텐츠진흥원이 발간한 「2020 방송 프로그램 외 주제작 거래 실태 보고서」에서도 제작의 양극화와 OTT 업체에 대한 선 호가 확인된다(한국콘텐츠진흥원, 2020: 324~325).

OTT 시장 진입에 따라 드라마가 가장 크게 영향을 받음. 판매를 못 하면, 적자 가 크기 때문. 정책상, 웨이브에 선제공하고 1년에 2개 정도 해외 OTT에 판매 할 수 있음. 기획실에서도 내년부터 해외 OTT에 판매해야 드라마를 제작할 수 있다고 계획함. _ 방송사 B

제작사는 방송사가 더 이상 제1의 창구가 아니고 더 많은 창구를 확보한 셈이 므로 그만큼 협상 시 우위에 설 수 있는 환경이 마련됨. _ 방송사 C

OTT가 시장에 진입하며 제작사의 입장에서는 거래할 수 있는 거래처가 더 생 긴 셈임. 하지만 OTT의 진입이 방송사에 미치는 영향력이 있으나 그다지 크지 않음. OTT의 주 거래원이 종편이 아니기 때문임. 제작사 입장에서는 넷플릭스처럼 거대한 OTT와 함께 했을 때 기대 수익도 더 크기 때문에 양질의 작품들이 방송사에 올 기회가 상대적으로 줄어들 수 있음. 드라마 부문은 이미 지상파 방송사보다 제작사의 협상력이 더 크다고 할 수 있음. 여기에 OTT라는 창구가 출현함으로써 제작사의 협상력이 한층 강화될 것으로 예측함. _ 방송사 A

OTT가 현재 드라마 부문에 집중하고 있으며, 드라마 제작비 지원이 방송사에 비해 더욱 상당한 실정임. 이러한 거대 자본은 방송사가 감당하기 힘든 데다, 거대 자본의 유입에 따른 제작비 상승은 방송사에게 또 다른 부담으로 다가오고 있음. 제작사 입장에서는 제작비를 더 많이 집행하는 OTT와의 계약을 선호할 수밖에 없는 구조가 되어가고 있음. _ 방송사 D

이처럼 방송사 내부에서도 시장의 변화를 분명하게 인지하고 있는 것을 확인할 수 있다. 비록 SBS가 드라마 본부를 스튜디오S로 분사시켰고, KBS가 몬스터유니온을 만들어 시장의 변화를 적극 수용하고 있지만, 이에 대응할 수 있는 뚜렷한 대책은 없는 상황이다. 왜냐하면 현재의 한국의 방송 환경에서 막대한 비용을 만회할 수 있는 구조가 만들어져 있지 않기 때문이다.

4) 국내 드라마의 구성과 퀄리티 향상

넷플릭스가 국내에 진출하면서 변화하는 현상 중의 하나인, 전통적으로 미니시리즈라고 하면 16부작이라는 관행이 무너지고 있다. 이에 따라 무리하게 16부작을 진행하려고 스토리를 늘리는 일이 감소할 것이다.

기존에도 종종 4부작, 8부작 등 짧은 드라마가 있기는 했지만, 넷플릭스가 짧은 넷플릭스 오리지널을 제작하거나 국내의 짧은 드라마를 구매하는 경향이 많아지면서 〈슬기로운 의사생활〉, 〈오월의 청춘〉, 〈이미테이션〉처럼 작품을 짧게 구성하는 경향도 자연히 늘어날 것이다.

일반적인 주 2회 방영 드라마의 경우 넷플릭스 제작 방식이 한국 드라마 제작 방식에 영향을 미칠 것 같지는 않다. 단, 오리지널의 경우 전편이 동시 론칭되는 방식이라면 매회 엔딩에서 다음 회의 궁금함을 유발하는 이야기 구조 같은 것에서 좀 더 자유로워질 수 있을 것이다. _ EC

이와 함께 드라마의 짧은 에피소드로 이야기의 밀도가 증가하면서 국내 드라마의 퀄리티도 더욱 높아질 것이다.

넷플릭스 드라마를 하면 기술적인 요구 사항이 높아지므로 퀄리티가 상향 표준화할 것이다. 또한 전반적인 계획성도 증가할 것이다. _ DD

5) 사전 제작과 시즌제 정착

넷플릭스는 하나의 시즌을 한꺼번에 공개하는 전략을 취하고 있다. 시즌 하나를 모두 사전 제작하여 동시 공개한다. 국내에서도 드라마의 품질을 높이기 위해 사전 제작을 꾸준히 추진했었다. 그러나 사전 제작 드라마가 흥행 면에서 좋은 결과를 내지 못했고, 잘 정착되지도 않았다. 국내 제작사가 넷플릭스와 같이 작품을 하면서 쌓은 제작 노하우를 통해 국내에서도 앞으로 사전 제작과 시즌제가 정착될 것이다.

특히 시즌제 등을 염두에 둔 기획이 활성화될 수 있을 것으로 보인다. _ EC

넷플릭스 오리지널을 제작하면서 사전 제작 노하우가 축적될 것이다. _ FB

6) 드라마와 영화의 경계 붕괴

미국은 드라마와 영화 제작의 경계가 없다. 스튜디오에서 영화와 드라마를 모두 제작하고, 영화와 드라마를 제작하는 시스템이 동일하다. 미국은 한국과 달리 회별로 스태프를 구성한다. 능력만 있으면 영화든 드라마든 영역이 없다. 또한 미국판 〈굿닥터〉의 주인공 션 머피Sean Murphy처럼 연기자 겸 작가 겸 연출자가 될 수 있다. 이러한 현상이 넷플릭스를 통해 나타나고 있다.

드라마 기획이 다양해지고, 드라마와 영화의 경계도 허물어질 것이다. _ DA

이러한 전망은 영화 쪽에서도 동일하다. 정인숙·김숙·김영은은 「온라인 영화 시장 변화 및 산업 전망 분석 조사」에서 영화와 드라마 제작의 경계가 모호한 상황이 전개되고 있는데, 이러한 추세가 한국 영화의 성장을 가져올 것이라고 예측하고 있다.

CP(Content Provider, 콘텐츠 제공 사업자) 중에서도 드라마를 하는 곳이 있고 아닌 곳이 있기는 하지만 대부분의 회사들이 전략을 다 비슷하게 가져가는 것으로 알고 있다. …… 시리즈물을 더 선호하게 되니까 다들 시리즈물 드라마를 만들려고 한다. 그쪽에서 돈이 돌고, 영화만으로는 쉽지가 않으니까.

플랫폼에 맞는 영화가 조금씩 개발되고 플랫폼이 다양해질수록 영화의
형태나 방식도 다양해질 것이다. 드라마 또한 장르별로 타깃팅된, 컨버전
스된 드라마들이 계속해서 나오고 있는데 영화 또한 이런 트렌드를 따라
갈 것이다(정인숙·김숙·김영은, 2020: 69~70).

국내에서도 영화와 드라마 분야는 서로 진입장벽이 있었는데 점차 드
라마와 영화의 경계가 무너지고 있다. 우선 영화제작사가 드라마를 제
작하고 있다. 대표적인 제작사가 스튜디오앤뉴이다. 영화사 NEW가
2016년 KBS 2TV에서 방송한 〈태양의 후예〉를 제작해 성공한 이후 스
튜디오앤뉴를 설립하여 〈미스 함무라비〉(JTBC, 2018.5.21~7.16), 〈뷰티
인사이드〉(JTBC, 2018.10.1~11.20), 〈보좌관〉(JTBC, 2019.6.14~7.13), 〈보
좌관2〉(JTBC, 2019. 11.11~12.10), 〈날아라 개천용〉(SBS, 2020.10.30~
2021.1.23), 〈우아한 친구들〉(JTBC, 2020.7.10~9.5) 등을 제작했다. 쇼박
스는 카카오웹툰 〈이태원 클라쓰〉를 드라마로 제작하여 JTBC에서 방
송(2020.1.31~3.21)했고, 롯데컬처웍스는 〈추노〉를 연출한 곽정환 피디
를 드라마사업부문장으로 영입해 2021년 3월 22일부터 SBS에서 〈조선
구마사〉를 방송했으나 2회만에 역사 왜곡 논란으로 방송 계약을 취소했
다. 필름몬스터도 〈트랩〉(OCN, 2019.2.9~3.3)을 제작했다.
　둘째, 영화감독의 드라마 진출이다. 영화 〈터널〉의 김성훈 감독은
〈킹덤〉을 연출했고, 박인제 감독은 〈킹덤2〉를 연출했다. 연상호 영화
감독은 넷플릭스 오리지널 드라마 〈지옥〉을 준비 중이다. 〈밀정〉의 이
준익 감독도 차기작으로 애플TV+ 오리지널 〈미스터 로빈〉을 준비 중

이다(정유진, 2020). 영화 〈수상한 그녀〉의 황동혁 감독은 넷플릭스 오리지널 〈오징어 게임〉의 극본을 직접 쓰고 연출했다. 감독들이 안방극장으로 향하는 데는 OTT로 대표되는 플랫폼의 확장이 결정적인 역할을 하고 있다. 콘텐츠 제작에 공격적인 넷플릭스가 그 흐름을 주도하고 있으며 넷플릭스는 독창적인 세계를 가진 영화감독들을 적극적으로 기용해 드라마 연출을 맡기고 있다(이해리, 2020). 이러한 현상에 대해 정덕현 드라마 평론가는 영화 투자자들이 드라마에 투자해 성공하는 케이스도 많아졌고, 그사이에서 만들어지는 시너지도 커서 이러한 컬래버레이션은 더 늘 것이며 그런 변화가 바람직하다고 말했다(김영진, 2020).

셋째, 영화감독의 드라마 작가로의 변신이다. 영화 〈극한직업〉의 이병헌 감독은 JTBC 〈멜로가 체질〉(2019.8.9~9.28)을 집필했으며, 〈부산행〉의 연상호 감독도 tvN 〈방법〉(2020.2.10~3.17)을 집필했다.

7) 넷플릭스에 대한 의존 확대

넷플릭스는 자본력을 바탕으로 국내 드라마 제작시장에서 단시간에 주된 투자자 겸 콘텐츠 구매자로 자리매김했다. 드라마 기획자나 제작자에게 가장 먼저 작품을 제안하고 싶은 존재가 되었다. 그러면서 가장 문제가 되고 있는 것은 저작권을 100% 소유하려는 정책을 펴고 있다는 점이다. 제작자가 기획을 해도 넷플릭스가 많은 비용을 지급하고 모든 권리를 가져가기 때문에 제작사는 더 이상 다음 시즌을 이어가거나 영화나 해외에서 리메이크를 추진하는 확장을 할 수 없게 된 것이다. 즉, 국내 드라마 제작사가 넷플릭스의 하청 기지가 되는 것 아니냐는 우려가 발생하고 있다. 이 부분은 넷플릭스가 제작을 하던 초기부터 우려되

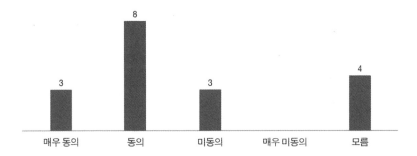

그림 27 한국 제작사의 넷플릭스 하청 기지화에 대한 의견(동의 11명, 미동의 3명)
자료: 유건식(2020).

던 사항이다. 2018년 방송 프로그램 표준제작비 조사연구에서 제작자들은 중·장기적으로 국내 방송콘텐츠 사업자들이 자본과 해외 유통망에 있어 넷플릭스에 종속되는 결과를 초래할 것이라는 의견을 피력했다(노창희 외, 2018: 70).

> 넷플릭스의 파워가 커지면서 한국 제작사가 넷플릭스 드라마 제작의 하청화
> 하는 일이 우려된다. _ FA

이러한 의견에 대해 넷플릭스 드라마 제작자들은 대체로 동의한다. 넷플릭스의 진출에 따라 국내 제작사들이 넷플릭스의 하청 기지화되고 있다는 평가에 대해 61.1%(11명)가 동의하고, 16.7%(3명)는 동의하지 않았다(**그림 27** 참조).

국내 제작사들이 넷플릭스 드라마를 제작하면서 넷플릭스의 하청 기지화되고 있다는 데 동의하는 이유로 넷플릭스가 지상파 방송에서 엄두를 낼 수 없는 콘텐츠 제작비를 지급하고 제작에 따른 리스크를 부담하기 때문이라고 지적한다.

국내 드라마 시장의 다양하고도 경쟁력 있는 콘텐츠가 해외 시장보다 낮은 제
작비로 제작되기 때문이다. _ ED

기존에는 지상파들이 콘텐츠를 만들고 확보하고 있었으나, 지금은 한국 콘텐
츠들의 소유권이 미국 넷플릭스에 있으므로 우리나라의 콘텐츠들을 많이 빼
앗기게 되어 잠식당하는 게 아닌가 생각이 든다. 지상파에서 제작을 하되 제
작을 진행한 제작사가 수익이 날 수 있는 구조여야 지상파에서 좋은 책(대본)
과 연출로 제작을 할 수 있을 것으로 본다. _ CD

정확히 최근의 계약 조건을 알지 못하지만 초기보다 점점 더 계약 조건이 타이
트해지고 있다고 알고 있다. 기본적으로 IP를 보유하는 정책의 의미는 알겠으
나, 만약 넷플릭스가 기획의 영역까지 파고든다면 하청 제작만 하는 프로젝트
들도 생길 거라는 생각이 든다. _ EG

오리지널의 경우 리스크를 지지 않는 대신 모든 IP를 넷플릭스에 양도하는 조
건으로 알고 있다. 그렇다면 사실상의 제작 하청이 아닐까. _ FC

국내 제작사가 넷플릭스의 하청 기지화되고 있는 것이 사실이지만, 방법이 없
지 않나? _ CA

반면, 넷플릭스의 하청 기지화에 대해 동의하지 않는 응답도 있다. 그
이유는 제작사의 필요에 의해 넷플릭스를 이용하면 되고, 넷플릭스가
오리지널만 만들지 않고 다양한 플랫폼이 있기 때문이다.

넷플릭스가 돈을 준 것이지, 제작 하청을 준 것은 아니라고 생각합니다. 제작사가 필요하지 않다면 넷플릭스의 문을 두드리지 않으면 됩니다. 필요에 의해서 두드리기 때문에 하청 기지화라는 비판은 감정적인 것이라 생각합니다. _ FE

현재 넷플릭스는 과거 일본이나 중국을 대신하는 해외 판매처의 의미가 크다. 넷플릭스 투자 드라마의 대부분이 넷플릭스 오리지널이라면 하청 기지화라는 단어가 의미가 있겠지만 아직 그렇지 않고 앞으로도 넷플릭스가 굳이 한국에서 오리지널을 고집할 이유도 없어 보인다. _ EC

압도적인 경쟁력을 유지하고 있는 OTT가 현재 넷플릭스인 것은 맞지만, 다양한 OTT 플랫폼이 존재하므로 넷플릭스의 하청 기지화된다고 생각하지는 않는다. _ EE

결국, 기지화가 되고 있다기보다는 드라마 기획에 따라서 제작사의 판단에 의해 이루어지지 않을까 한다.

어떤 작품은 넷플릭스의 돈을 받아서 해야 하는 것도 있을 거예요. 여러 플랫폼이 있잖아요. 웨이브, 티빙, 쿠팡도 한다고 하더라고요. 기획하는 드라마를 펼쳐놓고 이것은 웨이브에서 하고, 이것은 티빙에서 하고 …… 이런 전략을 쓸 것인데, 그중에는 넷플릭스에 가야만 하는 콘텐츠가 있을 것이다, 그럴 경우 가겠다는 것이죠. _ AA

콘텐츠를 만드는 사람이 보기에는 제작할 때 큰 차이는 없다. 요즘 나에게 '돈'이나 '제작 방식'에 대해 물어보시는 분이 많다. 제작자로서 신진 작가들과 신선한 아이템을 만들고, 그것이 어떤 플랫폼에 어울릴까 고민하며 작품을 진행하고 있다. 지상파 TV의 미덕도 있고 그에 맞는 드라마도 존재한다. 좀 더 파격적인 작품이거나 〈인간수업〉같이 고등학생이 출연하지만 청소년 불가 작품일 경우에는 넷플릭스가 맞을 것이다. 아이템별로 나눠서 진행하면 된다. _ 윤신애 스튜디오 329 대표(박재환, 2020).

8) 글로벌 OTT에 우선적으로 기획안 제안

넷플릭스가 국내 드라마에 많은 금액을 투자하고, 제작의 자율성을 보장하고, 국내 방송사에서 하기 어려운 드라마를 선택하고 있기에 드라마 기획자들이 넷플릭스를 포함하여 2021년 하반기에 진출할 글로벌 OTT에 최우선적으로 기획안을 제안하는 현상이 지속될 것이다.

프로그램 공급처가 OTT로까지 확장되었기에 지상파 방송사를 고집할 필요가 없음. 예전에는 지상파 방송사가 제작사를 선택하는 입장이었다면 지금은 방송사와 제작사의 위치가 바뀌는 과도기임. 제작사 입장에서는 수익 배분을 적정히 해주는 국내외 OTT를 최우선으로 고려함. 제작사가 OTT와 선판매 계약을 맺고 제작비를 충당한 뒤, 국내 방송사업자와는 국내 방영권 계약만 맺는 구조는 제작비 전액 부담이 어려운 방송사에서도 마다할 이유가 없다고 생각함. _ 드라마 E 제작사(한국콘텐츠진흥원, 2020: 108)

제작 현장에는 "넷플릭스 한국 사무소가 있는 서울 종로1가에서 종로5가까지 한국 영화인들이 줄을 서 있다"(라제기, 2021)라는 말까지 돌 정도로 넷플릭스 드라마 제작자들은 드라마 기획안을 지상파보다 넷플

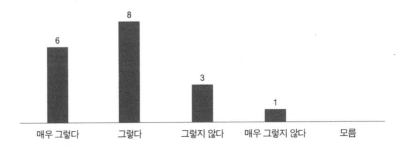

그림 28 지상파 대비 넷플릭스 선호 여부(긍정 14명, 부정 4명)
자료: 유건식(2020).

릭스에 우선 제안하고 있다. 이에 대해 제작진들이 지상파보다 넷플릭스를 선호하느냐는 질문에 77.8%(14명)가 동의하고, 22.2%(4명)는 동의하지 않았다.

지상파보다 글로벌 OTT에 먼저 제안할 것이라는 데에 동의하는 이유는 안정적인 제작비, 스토리에 제한 없음, 글로벌 유통, 심의에 대한 부담 없음 등을 들었다.

현 상황이 그렇다. 광고 수입에 의존하는 전통 미디어의 편성 축소, 제작비의 제약, 능력 있는 연출자의 부재 등으로 모든 제작사들이 자유로운 제작 환경을 찾아서 넷플릭스에 몰리고 있다. _ EA

다양한 장르의 콘텐츠 선택(횟수에 관계없이), 충분한 제작비, 연출과 작가의 실험적이고 창의적인 작품 표현 등이 가능하다. _ ED

플랫폼에 따라 장단점이 있다. (넷플릭스로 가는 것은) 안정적 자본과 세계적인 플랫폼이 있어서인 것 같다. _ BC, FA, FB

지상파의 경우 제작비 규모가 많이 부족하고 편성에 대한 부담도 크다. _ EC

지상파에서 제작을 진행할 시 제약받는 일들로 인해 처음 기획의도와는 다르게 흘러갈 수 있어 넷플릭스를 선호한다. _ CD

국제적인 노출이 가능하다. _ DD, EB

좋은 작품이 있으나 방송 심의와 관련하여 할 수 없는 에피소드가 있는 경우 넷플릭스를 선호한다. _ DD2

자본력과 전문성, 크리에이터에 대한 예우가 좋다. _ CA

제작이 안정적이라는 점 이외에도 동시에 전 세계에 본인을 알릴 수 있고, 홍보 마케팅을 대대적으로 하면서 업그레이드된 콘텐츠를 만든다는 생각을 하게 된다. _ DA

반면, 동의하지 않는 이유로는 빠른 편성 결정이 필요한 경우와 저작권을 원할 경우 등이 해당한다.

제작 일정이 급한 드라마들은 넷플릭스의 결정을 기다릴 여유가 없어, 기존 채널로 바로 편성을 시도합니다. 좋은 배우가 있고 자신 있는 드라마만 넷플릭스를 두드리기에 이 문제는 케이스별로 다릅니다. _ FE

OTT가 들어오면서 뭔가 특이한 소재나 지상파에서 풀기 어려우면 무조건 그쪽(넷플릭스)으로 풀려는 시도를 하는데, 사실 그건 지상파가 나아지기 위해

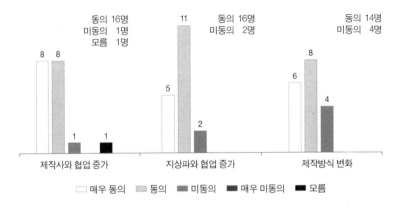

그림 29 넷플릭스의 영향
자료: 유건식(2020).

걸어야 할 길이다. 자꾸 지상파가 안 된다고 생각할 게 아니라 다각도로 풀어
보려 노력해야 한다고 생각한다. 넷플릭스만 선호하면 저작권은 주지도 않는
넷플릭스만 좋은 일을 시키는 것이다. _ BB

9) 넷플릭스와 협업 증가

넷플릭스의 장점이나 단점과는 무관하게 넷플릭스가 국내에서 제작
투자를 확대하고 있는 상황에서 영국 BBC처럼 넷플릭스와 지상파 또는
제작사와의 협업이 증가할 것이다.

넷플릭스 드라마 제작자들은 넷플릭스가 제작사와 협력을 강화할
것이라는 의견에 전적으로 긍정하고 있다(16명, 88.9%). 지상파와 협업
이 증가할 것이라는 의견에도 16명(88.9%)이나 동의를 하고 있어 현재
방송사별로 1~2개를 공급하는 것에서 더 증가할 것으로 예측하고 있
다. 또한 넷플릭스가 한국의 제작 방식에 많은 영향을 줄 것으로 전망

하고 있다(14명, 77.8%).

10) 국내 제작사의 글로벌 진출

넷플릭스는 국내 제작 시스템을 글로벌로 확장하는 계기도 만들었다. 스튜디오 드래곤은 국내 드라마 제작사 최초로 애플TV+, 미국 제작사 스카이댄스미디어Skydance Media와 미국 드라마 〈더 빅 도어 프라이즈The Big Door Prize〉 10부작을 공동 기획·제작하기로 했다(김희경, 2021). 에픽하이 타블로는 스쿠터 브라운Scooter Braun의 'SB 프로젝트' 및 아마존 스튜디오와 공동으로 자신의 이야기에서 영감을 받은 내용의 코미디 〈네온 머신Neon Machine〉을 제작하기로 했다(Patten, 2021a). JTBC는 미국의 주요 에이전시인 CAA로부터 미국 제작사 '윕wiip'을 인수했다(White, 2021).

〈굿닥터〉의 미국 리메이크 드라마인 〈굿닥터〉가 2021년 9월 27일부터 시즌5가 방송되었고, 영화 〈설국열차〉의 드라마 리메이크작인 〈설국열차Snowpiercer〉가 시즌2까지 방송되었다. 이 외에 영화 〈기생충〉이 드라마로 리메이크될 예정이므로 한국 제작사의 글로벌 진출은 향후 지속될 것이다.

11) 인공지능 활용 증가

넷플릭스는 인공지능AI과 알고리즘을 활용하여 콘텐츠 제작에서 유통까지 문화 산업을 지배하고 있다. 인공지능을 통해 콘텐츠, 촬영지, 스케줄링을 포함하여 프리 프로덕션, 프로덕션, 포스트 프로덕션에 이르기까지 비용을 예상할 수 있다(Jin, 2021: 76).

　지금까지는 제작사에서 주먹구구식으로 제작비를 짜고 집행했다. 스토리 부분과 캐스팅 부분도 마찬가지였다. 하지만 국내에서도 제작사 규모를 키운 스튜디오 드래곤이나 JTBC 스튜디오, 스튜디오S 등은 넷플릭스의 영향을 받아 이러한 노력을 기울일 것으로 보인다. 웨이브에서도 2021년 하반기에 AI를 활용하여 콘텐츠 추천 등의 기능을 선보일 예정이다.

제4장

한국 드라마의
지속가능한 성장을 위한 제언

넷플릭스는 한국 드라마 시장의 구세주처럼 등장하여 긍정적인 영향력을 발휘한 면도 있지만, 한국 드라마 제작시장을 장악하고 하청 기지화한다는 이야기까지 나오고 있다. 이러한 상황에서 넷플릭스 드라마와 국내 드라마의 차별점을 분석한 다음, 한국 드라마가 어떻게 하면 지속가능한 성장을 할 수 있을지 제작사 측면과 정부 지원 측면에서 제언하고자 한다.

1. 넷플릭스 드라마와 국내 드라마 제작의 차별점은?

앞에서 넷플릭스 드라마의 장단점에 대해 살펴보았다. 장점으로는 충분한 제작비 투자, 블록버스터 제작, 190개 이상 국가에 동시 유통, 청불(청소년 시청 불가) 작품 제작 등 스토리의 상대적 자유로움, 드라마 횟수와 분량의 유연함, 최고의 품질 추구, 공격적인 마케팅 등이 있었다. 단점은 국내 드라마 제작 프로세스에 대한 미흡한 이해, IP 독점에 따른 불만, 늦은 의사결정, 작품 성공에 따른 이익 미배분, 사전 제작에 따른 시의성 반영 불가 등이다.

표 8에서 보는 바와 같이 국내 드라마와 넷플릭스 드라마는 상당히 차이가 있다. 사전 제작, 횟수의 유연성, 밀도 있는 포스트 프로덕션, 캐스팅에 대한 상대적 무관심, 촬영 영상 공유 시스템, 제작진에 대한 자율성, 제작비 사전 지급, 실비 정산 등이다.

프리 프로덕션 단계를 보면, 국내 드라마는 대체로 모든 연령을 타깃으로 하지만, 넷플릭스는 특정 선호층을 목표로 한다. 국내 드라마는 작가나 배우가 매우 중요하지만, 넷플릭스는 그렇지 않다. 넷플릭스는 모든 권리를 확보하는 것을 전제로 제작을 한다. 제작비 지급도 국내 드라마는 방송 회별로 지급하지만, 넷플릭스는 제작 진행에 따라 지급하고 약 2년이 소요된다.

프로덕션 단계를 보면 국내 드라마는 회별로 제작하여 1주일에 2회를 방송하고 PPL이나 협찬이 많지만, 넷플릭스는 완전 사전 제작을 통해 한 번에 공개하며 PPL이나 협찬이 없다.

포스트 프로덕션 단계를 보면 국내 드라마에 비해 넷플릭스가 화질을 더욱 강조하고 공개하기 전에 더빙이나 자막을 제작하여 전 세계에 공

표 8 국내 드라마와 넷플릭스 오리지널 제작 방식 차이 비교

구분		국내 드라마	넷플릭스 드라마
프리 프로덕션	타깃 시청층	연령대 위주	장르 위주
	제출 대본	4개	1~2개
	작가 명성	중시	스토리를 더 중시
	배우	중시	톱배우 선호하지 않음
	권리	방송사 / 제작사(수익 배분)	100%(일부 권리 제작사)
	제작비	방송에 따라 지급 (사전 지급도 有)	단계별로 신청에 따라 사전 지급 (회계 감사 후 잔액 반납)
프로덕션	사전 제작	방송 전 4회	전체 제작(구매는 방송 2주 전)
	영상 공유	감독, 편집자 위주	촬영일 OK 컷 관련자 공유
	PPL	많음	없음
포스트 프로덕션	화질	HD 기본(4K도 병행)	4K 이상
	중간광고	있음(PCM)	없음
	더빙, 자막	없음	〈킹덤2〉 더빙 13개국, 자막 29개국
	협찬 바	많음	없음
	다음 회 예고	강조	건너뛰기 있음

자료: 유건식(2020: 52).

개한다.

반면, 넷플릭스 드라마 제작과 국내 드라마 제작에 차별점이 별로 없다는 의견도 있다. 국내 제작사가 넷플릭스 오리지널과 달리 국내 방송사에서 방송 이후 넷플릭스에 공급하는 드라마의 경우가 그렇다.

〈○○○〉의 경우는 한국 드라마 제작 방식이 그대로 적용된 상태에서 그저 납품의 의미만 있었기 때문에 별다른 차별점이 느껴지지는 않았다. 방송 1주

일 전 납품의 의무만 지키면 차별점이 느껴지지는 않았다. _ EC

라이선싱의 경우 일부 후반 작업을 제외하고는 별다른 차별점이 없다고 생각한다. _ EE

2. 드라마 제작자가 본 지상파의 넷플릭스 대응 방안은?

지금까지 살펴본 바와 같이 비서구 국가, 특히 한국에 대한 넷플릭스의 영향은 매우 크고, 문화 콘텐츠 제작과 유통에 대한 전통적 기준을 파괴하고 있다(Jin, 2021: 92). 또한 넷플릭스의 영향으로 콘텐츠 채널 유통사가 '갑'이고 제작사가 '을'이었던 오래된 관행이 정상화되기 시작했다는 의견도 있다(이호수, 2021: 140).

이러한 면을 분명히 인식하고 있는 넷플릭스 드라마 제작자들은 지상파 방송사가 드라마 제작에서 경쟁력을 갖기 위해서는 기획 기능을 강화하고, 콘텐츠의 다양성을 확보하며, 제작비와 제작 기간을 충분히 들여 제작하는 등의 방안이 필요하다고 지적했다.

첫째, 드라마 기획 기능의 활성화이다. 드라마의 시작은 기획이다. 우수한 기획이 없다면 시청자를 감동시키는 드라마는 탄생하지 않는다. 특히 블록버스터, 텐트폴 드라마를 제작해야 파워를 가질 수 있다.

한국 제작 시스템에서 프리 프로덕션의 소홀함을 넷플릭스 제작을 경험하며 많이 느끼는 것 같습니다. _ FE

주 52시간 근로시간이 정착되면서 한국 드라마도 과거와 같은 후진적 제작 방식에서 벗어났다. 결국 콘텐츠의 문제로 귀결되는데 천편일률적인 로맨스나 전형적인 한국 드라마 스타일에서 벗어나 새로운 이야기를 만드는 데 좀 더 노력해야 할 것으로 보인다. _ EC

글로벌 드라마 시장에 대한 데이터를 수집·분석해서 전략적으로 접근할 필요가 있다. _ FC

시대에 맞는 새로운 스토리가 더 많이 만들어지면 좋겠습니다. _ EB

지상파다운 드라마에 대한 수요는 분명히 있다고 생각한다. 현시점의 한국 사회에 대한 깊은 통찰을 바탕으로 한국 대중의 정서에 호소하는 기획을 고민해야 한다고 생각한다. _ FC

지상파 방송사가 드라마 경쟁력을 갖기 위해서는 기획 기능의 강화, 러닝타임의 축소, 방송 3사의 편성 협조, 심의의 최소화 등이 필요하다고 생각합니다. _ FE

그러면서 새로운 소재 발굴과 시즌제 드라마를 위한 기획 기능이 활발해져야 한다고 지적한다.

(경쟁력을 갖기 위해서는) 킬러 콘텐츠를 늘려야 한다. 새로운 소재 발굴에 노력할 필요가 있다. _ BB

시즌제를 위해 계약 단계부터 기간, 권리, 비용의 상승 폭을 꼼꼼히 명시하여 진행해야 한다. _ DA

둘째, 안정된 제작비 투자이다. 넷플릭스가 국내에 진출하면서 제작비가 급격히 증가했다. 출연료나 작가료는 한번 올라가면 내려오기 힘든 하방경직성의 성격을 띤다. 제작비가 급증한 만큼 그에 상응하는 안정된 제작비를 투자해야 한다.

콘텐츠의 다양성 확보와, 선택된 콘텐츠에 대해서 충분하고 안정적인 제작비 투자 등이 필요하다. _ ED

〈○○○〉도 원래 제작비로는 퀄리티가 안 나오니까 예산이 오버되니 예산을 더 타서 찍고 해서 그 퀄리티가 나온 것이에요. 원래 예산으로 했으면 망했어요. 이것은 거의 영화예요. 조명 분량도 10배나 들었고요. 조명, 카메라 기종 등을 톱클래스를 쓰지 않으면 그 퀄리티가 나올 수 없어요. 방송사는 그 예산을 투여할 수 없어요. _ AA

충분한 제작비와 제작 소요기간이 보장되어야 한다. _ CD

예산을 증가시키고, 작품 관련 의사결정의 자율화가 이루어져야 한다. _ DD

셋째, 경쟁력 있는 작가에게 공평한 기회를 부여해야 한다. 한국의 드라마 제작 시스템은 대체로 김은숙, 박지은, 김영현, 강은경 같은 A급 작가에 의존하는 경향이 강하다. 명성이 부족한 작가의 경우, 방송사는 이 작가가 16회를 처음과 같은 퀄리티로 충분히 써낼 수 있을지 자신할 수 없으므로, 쉽게 편성해 주지 않는다. 대체로 A급 작가의 경우에는 높은 작가료를 줘야 하지만 기본적으로 시청률이나 사업성이 어느 정도 보장되기 때문에 방송사에서는 안정성을 선택하고 있다. 그런데 넷플릭스는 드라마를 처음 써본 작가의 〈인간수업〉 대본을 선정해 제작한 것이다.

> 제작사가 제시하는 모든 작품에 제작비만 보지 말고 알찬 시놉과 대본으로 선택하여 좋은 작품이 되고 신인 작가도 성장할 수 있는 콘텐츠가 되도록 길을 열어 주셨으면 하는 생각입니다. _ DD2

> 넷플릭스와 같이 동아시아 유통망을 확보하고, 제작비를 투입해야 한다. _ FB

넷째, 방송사가 역할을 바꿔야 한다. 그동안 방송사는 편성도 늦게 결정해 드라마가 종반으로 갈수록 생방송처럼 제작되어 왔다. 이를 해소하기 위해 방송사는 편성권만 가져야 한다는 주장도 제기되고 있다. 자체 연출만 고집해서도 안 된다는 주장이다. 〈남자친구〉의 경우가 대표적이다. 처음에 모 방송사와 제작 이야기를 진행하다가, 방송사에서 제작사가 원하는 연출자를 배제하고 신인 연출자를 배정하는 바람에 모 방송사를 피해 tvN과 계약하는 사태도 일어났다.

> 자체 연출을 고집하지 말고 기획안과 대본 1, 2부로 작품을 보고 편성을 최대한 일찍 결정해 줘야 한다. 시즌제를 할 수 있는 여지를 처음부터 열어놓고, 계약서도 합리적으로 변경해야 한다. _ DA

지상파 방송사는 편성권만 가져야 하고, 대하드라마 등 역사적인 것만 제작해야 한다고 생각한다. _ FA

이와 동시에 방송사는 '갑'이라는 마인드를 버리고, 전향적으로 제작사를 배려하며 제작사 중심으로 의사결정을 해야 한다. 실제로 그렇게 될 수밖에 없다. 제작사가 작가를 2~3년 동안 계약해 놓고, 방송사의 간부는 2년 이상 자리를 유지하기 힘든 상황에서 방송사가 제작의 주도권을 갖기는 어렵다.

사전에 진행하는 프로젝트를 (제작사와) 같이 가는 방향으로 진행하여 사전 협의하에 제작의 모든 진행을 (같이) 준비할 수 있도록 개선이 필요하다고 생각합니다. _ DD2

넷플릭스 드라마도 한국 드라마입니다. 제작사 중심의 의사결정 체계가 필요합니다. _ DD

이러한 상황에서도 지상파와 하고 싶어 하는 마음은 여전히 존재한다. 글로벌 OTT와 달리 한국 방송사의 매력이 있는 것으로 판단할 수 있다.

무명작가들 세 명을 작가들이 잘 쓸지 아닐지도 모르는데 월급 주면서 정신병원에서 넉 달 생활하게 하면서 공부만 시켰거든요. 1년 뒤부터 글을 쓰기 시작한 프로젝트인데 돈을 몇 푼을 벌지 모르지만 저는 그냥 대단한 히트는 아니더라도 한국 사회에 좀 울림들이 있을 것 같아서 지상파랑 하고 싶었던 거죠. 이게 지금 저희를 유일하게 보호할 수 있는 장치이기 때문에, 해외에서 이 작품이 나중에 재평가가 돼서 리메이크되기를 바랍니다. 넷플릭스가 모든 것을 폐쇄적으로 다 가지는 상황이 되는 게 저는 좀 그래서, 제가 기획개발비도 못 받고 수익에 있어서도 리스크가 커지더라도, 좀 덜 먹더라도 방송사 채널하고 제작자하고 계속 파트너십으로 또 해볼까 합니다. _ BA

다섯째, 드라마 이해관계자 모두 실력을 길러야 한다. 실력이 없으면 어떤 세상에서도 버텨나지 못한다.

배우, 작가, 감독 모두 이름보다는 실력을 더 높이 봐줘야 한다고 생각합니다. _ EB

특히 포스트 프로덕션에 더욱 관심을 갖고 노력해야 한다. 더빙 작업을 했던 경험을 들은 적이 있는데, 웬만해서는 넷플릭스가 요구하는 품질을 맞출 수가 없다고 한다. 예를 들어 영어 버전의 어조가 높으면 한국어 더빙본에서도 어조가 동일해야 검수를 통과할 수 있다고 한다.

후반 작업의 기준이 상당히 높은데, 이 점은 우리가 배워야 할 것 같습니다. 넷플릭스가 원하는 드라마 후반 작업의 퀄리티가 책 한 권 분량으로 설명이 되어 있습니다. 오지리널에 비해 지상파 방송은 다소 융통성이 있지만 ……. _ FE

여섯째, 외부 제작사 등과 협력하여 투자 규모를 키워야 한다. 한국의 OTT 시장은 이제 글로벌화했다. 콘텐츠 산업은 상당한 시장이 있어야 수익성이 나는 '규모의 경제'가 중요한 산업이다. 상당히 많은 외국의 미디어 기업이 M&A를 통해 국내외와 연계하고 제휴하고 있다. 이처럼 국내 방송사는 한류 콘텐츠를 이용해 주로 동남아시아와 같이 한류가 확산된 지역을 중심으로 글로벌 동영상 OTT 사업자에 대응함으로써 지금보다 더 공격적으로 직접 경쟁을 모색해야 할 필요가 있다(이상원, 2010: 210).

> 저작권에 꽂힐 상황은 아니다. 파이를 키워서 크게 만들어서 먹는 방식이 필요하다. 그러려면 큰 플레이어와 결합이 되어야 하는데, 외국에서 들어오는 애플, 넷플릭스 등 이렇게 다 연결시켜 가야 한다. 그게 아니면 수익이 안 난다. 〈태양의 후예〉처럼 터지면 많이 벌게 된다. _ AA

> 우수한 제작사와의 협업관계를 중시해야 하고, 중간광고 도입,[31] 다양한 수입원 등을 통해 경영구조를 개선해야 한다. 그리고 콘텐츠에 과감한 투자를 할 수 있을 정도의 재원이 우선 필요할 듯하다. _ EA

> 자본의 싸움이다. 거대 자본에 맞설 수 없다면 관행적인 라인업보다 선택과 집중에 노력해야 한다. _ EC

> 〈○○○〉 할 때 넷플릭스와 하려고 했는데 안 됐다. 방송사 내부에서 막았는데 그분들이 정말 잘못 생각한 것이다. 너무 편협한 것 아닌가? 그래야(다양한

---

31) 지상파 TV에 대한 중간광고는 2021년 7월 1일부터 도입되었다. 매회 1분 이내이며, 프로그램이 45분 이상 60분 미만이면 1회의 기준이 되고 30분당 1회가 추가되며 180분 이상은 6회이다.

기회를 주어야) 직원들이 안 나간다. 그러지 않으니까 다 밖으로 뛰어 나간다. 자기네 부서 이기주의다. 큰 그림은 못 보는 것이다. _ AA

〈○○○〉은 tvN 드라마지만 tvN에 권리가 없어서 넷플릭스에 나가지 못한다. 이처럼 저작권을 제작사가 가져야 사업 기회가 있다. 국내 제작자가 넷플릭스를 1순위로 생각하는데 우리 같은 경험을 하면 이런 상황을 깨닫게 될 것이다. 지금은 지상파에서 안 주는 회당 십 몇 억씩 제작비를 주니까. _ AA

일곱째, 글로벌 OTT의 진입을 적절히 활용해야 한다. 디즈니+ 같은 후발 주자들이 진출할 것이기 때문에 이를 적절히 활용하여 부족한 제작비를 조달해야 한다.

넷플릭스의 속도나 이런 것을 간파하고 오는 후발 주자들이 전략을 잘 세우면 넷플릭스가 흔들리거나 갖고 있는 전략을 바꾸어야 할지도 모르겠다는 생각이 듭니다. …… 그렇지만, 제작하면서 우리가 넷플릭스의 하청업체인가 하는 생각이 듭니다. 다행스러운 것은 넷플릭스만 있는 것은 아니니까요. 더 큰 후발 주자들이 들어오고 있으니까 잘 활용해야죠. _ AA

여덟째, 이 외에도 제작의 자율성, 주 52시간 근무와 지상파의 수익 감소에 따른 드라마 축소에 대한 대응책을 준비해야 한다.

제작의 자율성과 다양성이 더 이루어졌으면 한다. _ FA

지상파 방송사는 이외에도 주 52시간 근무, 경영 개선, 편성의 다양성 확대, 드

라마의 감소 등에 대해 적절한 대응을 해야 한다. _ EA

아홉째, 드라마 제작자들은 제도적인 차원에서 심의 문제도 지적한다. 과도한 심의는 창작의 자유를 억제한다. 지상파에서 드라마를 하지 않고 넷플릭스 등 OTT로 넘어가려고 하는 이유 중에 제작의 자율성도 포함된다.

등급 고지로 인한 심의의 완화, 충분한 제작비, 제작 기간이 보장되어야 한다. _ CD

3. 정부는 무엇을 지원해야 하나?

국내 드라마 산업의 지속적인 성장을 위해서는 산업 내의 노력 못지 않게 정부의 역할이 중요하다. 넷플릭스 드라마 제작자들은 드라마의 글로벌 경쟁력 강화를 위해서 규제 완화, 제작 지원, 제작 요소에 대한 표준 단가 책정 등이 필요하다고 지적한다.

첫째, 규제 완화이다. 한국의 방송법은 2000년 「통합방송법」이 제정된 이래 20년이 넘는 동안 60여 차례의 부분 개정이 이루어졌지만, 방송제도의 기본 구조, 규제 이념과 체계 등은 큰 변화 없이 현재까지 이어져 왔다(최세경, 2019). 드라마 산업의 환경이 그만큼 많이 변화했는데도 이를 반영하려는 노력은 있었지만 하나도 결실을 이루지 못했다. 그나마 2021년 7월 1일부터 중간광고가 지상파에도 허용되는 것을 다행이라고 여겨야 할 지경이다. 그러는 사이 넷플릭스는 국내에서 절대 강자로 자리매김했고, 지상파의 위상은 계속 추락하고 있다. 이에 따라 드라마 제작자들은 심의, 광고 등의 규제 완화가 필요하다고 지적한다.

한국적인 드라마의 경쟁력을 위해서 심의 규정 완화, 지상파의 충분한 제작비 투자 등 좀 더 실질적인 보완책이 나왔으면 하는 바람이다. _ ED

중간광고 / 간접 광고 등에 대해 가급적 심의와 규제를 느슨하게 해야 한다. _ FE

좀 더 다양한 아이템의 시도가 필요한데 이를 위해서는 규제, 심의 등의 완화가 필요하다. _ EE

둘째, 제작 지원이다. 드라마는 한류의 근간이고, 경제 효과를 창출하는데 높은 효율을 갖고 있다. 그렇기 때문에 창의 산업인 드라마 산업이 지속적으로 성장하는 것이 중요하다. 제작자들은 정부에게 제작비 지원, 촬영 지원과 세제 혜택 등을 요구한다.

어떤 방식으로든 자본을 지원해야 한다. _ EC

연 몇십 억 정도의 정부지원금을 통해서는 간에 기별도 안 간다. 드라마 분야만 최소 200~300억 규모로 최소 작품당 10~20억 정도의 과감한 지원을 통해 안정된 제작비가 확보되면 글로벌 경쟁력이 좋아질 것이다. _ EA

아주 오래전 정부에서 외주사의 활성화를 위해서 외주제작 비율을 정부 정책으로 보장해 준 적이 있다. 변화된 요즘 환경에서 공격적으로 들어오는 해외 플랫폼에 대비하기 위해 일정 부분 콘텐츠진흥원이나 방송통신위원회 등의 방송 지원 사업이 좀 더 포괄적으로 확장됐으면 하는 바람이다. _ ED

야외 촬영 로케이션을 위한 사극 세트, 오픈 세트 부지 등 촬영 공간에 대해 국가에서 공동 투자를 유치하여 프로덕션 사이트를 만들어줄 필요가 있다. 현재 장소 임차료 등 부대비용이 너무 올라, 사극 제작에 대한 기피가 있는 점을 감안했으면 한다.
뉴욕이나 LA, 라스베이거스에서 적극적으로 영화, 드라마 촬영을 지원하면서 도시의 콘텐츠로 만드는 정책을 검토해, 제작진의 편의를 도모해 주었으면 한다. _ FE

셋째, 창의 산업에 맞는 노동 환경의 적용과 산업의 시스템 개선이다. 주52시간 근무제가 2018년 7월 1일부터 300명 이상 사업장에 적용되면서 제작 환경이 크게 변화했다. 창의 산업은 일반 노동 환경과 다르기 때문에 드라마 제작에 맞도록 개정이 필요하다는 주장이다.

근무시간 예외 산업이 되어야 한다. 진짜 답이 없다. _ CA

합리적인 근로 기준에 대해 사회적인 합의가 필요할 듯하다. _ FC

현재 근로기준법은 제작 스태프들의 업무 스타일과 너무 다르다. 기존 현장에서는 야근 및 특근이 자주 발생하여 급여를 책정해서 다른 직업군보다 이미 많은 임금을 주고 고용하여 제작을 하고 있었다. 근로기준법을 예외적으로 적용

시켜 주는 정책이 있으면 좋겠다. _ CD

넷째, 드라마 제작의 표준화이다. 한국의 드라마 제작 실력은 세계적
인 수준이다. 넷플릭스에 유통되는 드라마의 글로벌 성적을 보면 단적
으로 알 수 있다. 그럼에도 세계적 드라마 산업으로서는 부족한 부분이
많다. 드라마 제작자들은 제작비, 배우, 스태프 표준 단가를 만들어야 한
다고 지적한다.

국내 제작비에 배우나 스태프에 대한 기본적인 단가가 없어서 옛 작품의 사례
를 기준으로 제작비를 산출합니다. 이것은 누구의 잘못도 아닙니다. 국내에서
제작비 중에 고정할 수 있는 품목들의 단가를 책정하여 기준을 정하는 것이 좋
을 것 같습니다. _ DD2

스태프 단가의 표준화가 필요하다. _ DD

온라인 플랫폼이 경쟁력을 갖도록 했으면 한다. _ BC

국내 콘텐츠 사업은 무수히 많이 있으나 좋은 작품들이 컨택할 수 있는 플랫폼
이 작아서 성장할 수 있는 길이 별로 없습니다. 정부에서 할 수 있는 많은 콘텐
츠 지원 산업을 조금 더 보강했으면 합니다. _ DD2

제작 시스템의 표준화를 위해 방송사와 제작사가 정기적으로 논의하
여 사안별로 적정한 표준제작비 기준을 산정하고, 이를 기반으로 적정
단가를 산출해 이를 통해 계약을 하는 것이 절실하다(노창희 외, 2018:

71). 그렇지만 드라마 제작에서 한국만의 고유한 강점을 지켜야 한다는 의견에도 귀를 기울여야 할 것이다.

기존 한국 제작 시스템을 지킬 수 있는 방법을 다 같이 고민해야 된다. _ CA

다섯째, 글로벌 경쟁력을 갖추기 위한 지원이다. 글로벌 경쟁력을 확산하기 위해 국제 콘퍼런스 등을 통한 교류가 필요하며, 불법 유통에 대한 적극적인 대응이 필요하다는 지적도 있다.

국제 콘퍼런스 등을 통해 제작자, 작가 등이 서로 교류할 수 있는 장이 마련되었으면 한다. _ DA

중국 관련 불법 유통이 근절되어야 하고, 동아시아 시장을 넷플릭스에 빼앗기지 않도록 지원사업 정책이 있어야 할 듯하다. _ FB

여섯째, 글로벌 기업에 대한 망 이용대가 부담 조치와 국내 투자 의무화이다. 넷플릭스가 망 중립성 개념을 근거로 SK브로드밴드와 소송을 했지만 법원은 넷플릭스에게 패소 판결을 내렸다. 넷플릭스가 항소를 해도 이러한 결정이 지속되어야 할 것이다.

또한 글로벌 기업의 국내 재투자를 활성화해야 한다. 넷플릭스는 엄청난 투자를 하고 있지만 향후 글로벌 OTT 업체가 진입할 예정이기 때문에 이 부분을 신경 써야 한다. 프랑스 정부는 최근 18개월간의 조사를 통해 글로벌 OTT 업체가 프랑스에서 발생한 매출의 20~25%를 로컬 콘텐츠에 투자하도록 의무화하는 법안을 발의했다. 이는 유럽위원회의 시청각 미디어 서비스 지침(AVMSD^{Audiovisual Media Services Directive})의 일환이다.
프랑스는 현재 극장 개봉 이후 36개월 이후에 스트리밍 서비스에 상영
할 수 있는데, 이 법안으로 12개월 이내에 상영하려면 매출의 25%, 12개
월 이후는 20%를 프랑스 콘텐츠 제작에 투자해야 한다(Keslassy, 2021).
이러한 제도나 법을 벤치마킹하여 도입해야 국내 제작사의 성장에 기여
할 수 있을 것이다.

지금까지 넷플릭스가 2016년 한국에 진출하여 보인 성과를 정리하고, 넷플릭스 드라마 제작진의 인터뷰를 통해 넷플릭스가 한국 드라마 산업에 미친 영향에 대해 살펴보았다. 넷플릭스의 국내 시장 진출에 따른 긍정적인 영향으로는 다양한 스토리의 드라마와 대작의 제작, 고품질 영상 제작이 가능해졌다는 점과 드라마 편수와 내용 구성이 다양해졌다는 점 등을 꼽을 수 있다. 동시에 글로벌 유통이 가능해졌고, 제작 과정도 미국처럼 체계화하고 있다는 점을 들 수 있다.

반면, 넷플릭스 드라마는 제작비를 급상승시켜 드라마 산업이 넷플릭스에 종속할 수 있다는 우려를 불러일으키고 있으며, 제작비 급상승에 따라 일반 드라마의 제작비를 회수하기 어렵게 만들었다. 드라마가 성공해도 추가 수익 배분을 하지 않는 구조에다가, 작가나 배우에게 저작권을 인정하지 않으면서 저작인접권료를 지급하지 않는 문제 등도 존재한다.

넷플릭스는 2016년 한국에 진출한 이래 한국 콘텐츠의 글로벌 경쟁력을 인정하고 지속적인 투자를 하고 있다. 지금까지 8000억 원을 투자했고, 2021년에는 아시아 지역 콘텐츠 제작에 최소 10억 달러(약 1조 원)를 투자하면서 한국에는 5500억 원을 투자할 예정이다. 그만큼 한국 드라마 산업에 대한 넷플릭스의 영향은 2022년 이후에도 지속될 것으로 예상된다. 넷플릭스의 영향은 여전히 현재 진행형이다.

이러한 환경에서 이상원 교수는 디지털트랜스포메이션digital transformation 시대에 국내 OTT 미디어 사업자들의 경쟁 전략으로 네 가지를 들고 있다(이상원, 2020: 209~210). 첫째, 국내 미디어 사업자들은 국내 동영상 OTT 서비스 이용자들이 국내 콘텐츠를 선호하는 현상을 이용해야 한다. 즉, 오리지널 콘텐츠 전략을 펴고, 글로벌 사업자들이 제공하기 어려운 국내 실시간 방송콘텐츠 제공 등의 차별화 전략을 적극적으로 이용해야 한다. 둘째, 국내 미디어 사업자들은 아마존 비디오 다이렉트 Amazon Video Direct32)처럼 기존의 가입형 동영상 OTT 서비스를 MCNMulti Channel Network과 방송영상독립제작사가 동영상 OTT 플랫폼에서 광고를 통해 이윤을 내는 모델과 융합시키는 등 창의적인 하이브리드 비즈니스 모델도 고려해 볼 수 있다. 셋째, 콘텐츠에서 규모의 경제를 확보하기 위해 국내 미디어 사업자 간에 더 큰 규모의 전략적 제휴 또는 국내 미디어 사업자와 글로벌 동영상 OTT 사업자 간에 추가적인 제휴를 모색할 수 있다. 넷째, 국내에서 콘텐츠 경쟁력을 지닌 미디어 사업자는 한류 콘텐츠를 이용해 주로 동남아시아와 같이 이미 한류가 확산된 지역을 중심으로 글로벌 동영상 OTT 사업자에 대응해 지금보다 더 공격적으로 직접 경쟁을 모색할 필요가 있다.

아울러 넷플릭스가 국내 드라마 산업에 끼친 긍정적인 영향을 수용하

---

32) 아마존 비디오 다이렉트(AVD)는 아마존이 2016년 출시한 새로운 비디오 플랫폼으로 유튜브와 비슷하다. 프로 창작자나 일반인은 모두 AVD에 동영상을 올리고, 아마존 프라임 비디오 스트리밍 서비스를 통해 렌탈, 구매, 정기 구독 방식으로 수익을 창출할 수 있다.

되, 부정적인 영향은 최소화하기 위한 노력을 기울일 필요가 있다. 첫째, 방송사는 드라마 경쟁력을 갖기 위해 기획 기능을 강화해야 한다. 〈동백꽃 필 무렵〉의 마지막회 시청률이 23.8%(2019.11.21)을 기록하고 〈펜트하우스〉 시즌2의 12회 2부 시청률이 29.2%를 기록한 것을 보면 좋은 콘텐츠는 시청자의 마음을 사로잡을 수 있다는 것을 알 수 있다. 넷플릭스가 우위를 점하면서 초심을 잃는 사례가 나오고 있다. 넷플릭스와 거액의 계약을 한 〈블랙-이쉬Blackish〉의 작가 케냐 배리스Kenya Barris는 넷플릭스에 답답함을 느껴서 계약을 종료하기로 했다. 넷플릭스와 계약할 때는 방송사의 고정된 드라마 형태를 싫어해서 넷플릭스행을 택했지만 이제 넷플릭스가 그러한 면을 벗고 상업성에 치중한다고 생각하게 된 것이다(Shaw, 2021a). 한국에서도 이러한 일이 발생할 수 있기 때문에 작가나 제작사의 마음을 얻는 노력을 해야 한다.

둘째, 충분한 제작비를 투입할 수 있는 구조를 마련해야 한다. 대체로 블록버스터가 수익성도 높고 시청률도 잘 나오고 화제가 된다. 그렇기 때문에 다양한 수익 원천을 활용하거나 공동 제작을 통해 텐트폴 효과가 날 수 있는 대작을 제작해야 한다.

셋째, 글로벌 OTT의 진입을 적절히 활용해야 한다. 2021년 11월 디즈니+의 국내 진출을 포함하여 글로벌 OTT의 국내 시장 진출이 가시화될 것이기 때문에 글로벌 OTT 기업 간의 경쟁 상황을 적절히 이용하여 저작권 이슈 등의 부정적 영향을 최소화하려고 노력해야 한다.

넷플릭스가 만들어낸 중요한 변화 중 하나는 글로벌 미디어스케이프(Mediascape = media + landscape)의 확장을 전면화한 것으로, 새로운 글로벌 취향 공동체를 형성할 수 있는 지속가능한 생태계가 필요함을 보인 것이다(이성민, 2020: 20). 글로벌 OTT를 감정적으로 반대할 것이 아니라 여러 국가에서 추진하고 있는 사례를 벤치마킹하여 한국 드라마 산업을 활성화하는 데 초점을 맞추어야 할 것이다. 일례로 영국의 BBC 는 〈드라큘라Dracula〉를 넷플릭스와 공동으로 제작하여 글로벌 시장 확대를 꾀했다. 또한 일본의 프로덕션 I.G는 넷플릭스와 합작하여 최초로 4K HDR 단편(3분) 애니메이션 〈솔 레반테Sol Levante〉를 제작했다(넷플릭스, 2020). 이 작품의 의미는 기존의 작화 용지를 버리고 태블릿을 이용해 완벽한 24프레임의 원화를 그리고 초기부터 HDR을 염두에 둔 컬러링 작업으로 더욱 다이내믹한 색 영역과 색감을 자랑하고 있다는 것이다(AquaStella, 2020).

넷째, 포스트 프로덕션을 강화하는 등 제작 시스템을 개선해야 한다. 아직 UHD로 제작되어 방송하는 드라마는 얼마 되지 않는다. 8K TV가 나오는 상황에서 미래에까지 좋은 콘텐츠를 유통하기 위해서는 미리 대비해야 한다. 또한 E&O 보험 가입과 사전 촬영 영상 공유, 공동 창작, 시즌제 활성화 등 콘텐츠 제작 시스템의 개선도 적극적으로 추진해야 한다.

다섯째, 정부에서도 국내 드라마 산업이 OTT 시대에도 지속가능하도록 정책을 수립해야 한다. 넷플릭스가 국내에 진출하면서 드라마 산업이 타격을 받고 있고, 국내 OTT보다 점유율이 압도적으로 높은 상황에서 적절한 규제를 통해 동반 성장할 수 있도록 해야 한다.

결론적으로 넷플릭스는 기본적으로 한국 시장을 아시아 시장의 확대를 위한 전략적 요충지로서 판단하고 있으며, 국내 사업자들이 예측하고 있듯이 한국 사람들이 좋아하는 드라마 제작을 대원칙으로 삼을 것으로 전망된다. 정인숙·김숙·김영은(2020)은 향후 미디어 시장의 주도권에 대해 4가지 시나리오를 설정했다. 국내 미디어 시장에서 최악의 시나리

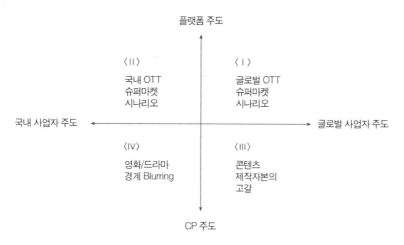

그림 30 미디어 시장의 플레이어 주도권에 따른 네 가지 시나리오
자료: 정인숙·김숙·김영은(2020: 91).

오를 **그림 30**의 시나리오 I로 보는데, 미디어 시장을 글로벌 사업자와 플랫폼이 주도하는 '글로벌 OTT 슈퍼마켓' 시나리오이다. 국내 드라마 시장의 활성화를 위해서는 '국내 OTT 슈퍼마켓' 시나리오(II)로 가도록 국내 미디어 시장 관계자들이 전략을 세우고 실행을 해야 할 것이다.

국가 간 문화 확산은 보통 '국내 유행 → 지역화 → 글로벌화' 과정을 거치는데 한류는 지역화 단계에서 글로벌화 단계로 상승 중이라는 평가를 받고 있다(고정민, 2021). 소설 『연금술사』로 유명한 파울로 코엘료 Paulo Coelho는 한국 문화에 애정이 많다. 그는 2020년 10월 18일 트위터에 "와우! 나는 16회까지 보지 못할 줄 알았다. 그러나 〈나의 아저씨〉는 인간의 조건을 결점 없이 묘사한다. 뛰어난 극본과 환상적인 연출, 최고의 출연진에 찬사를 보낸다"라고 트위트했다. 이러한 평가를 지속적으로 받을 수 있어야만 K-드라마의 글로벌화가 이루어질 것이다.

감사의 글

어떻게 하다 보니 2013년 『미드와 한드, 무엇이 다른가: 미국과 한국의 드라마 제작 환경』(한울엠플러스)으로 처음 책을 냈고, 2018년부터는 매년 책을 출간하고 있다. 2018년 『한국 방송콘텐츠의 미래를 열다: 굿 닥터 미국 리메이크의 도전과 성공』(푸른사상), 2019년 『넷플릭소노믹스: 넷플릭스와 한국 방송 미디어』(한울엠플러스), 2020년 번역서 『넷플릭스 효과』(한울엠플러스)에 이어 올해에는 『미디어 구독모델』(커뮤니케이션북스)을 냈다.

원래 이 책을 내려는 계획은 없었다. 이 책은 올봄에 모 출판사에서 정기적으로 실시하는 집필 신청 메일을 받고 모집에 응모를 하면서 시작되었다. 불행인지 다행인지 그 출판사에서 '총서 출간 방향과 맞지 않는다'고 거절해 보류를 하고 있었다. 얼마 뒤에 방송문화진흥회가 저술 지원 공모를 냈고, 이에 그때 제출한 제안서를 보완하여 응모한 기획안이 운 좋게 선정되었다. 선정해 주신 심사위원분들, 출판 지원을 해주신 방송문화진흥회 김상균 원장님을 비롯해 관계자분들께 진심으로 감사를 드린다.

무엇보다도 이 책을 쓸 수 있도록 인터뷰에 응해주신 넷플릭스 드라마 제작자들께 감사드린다. 인터뷰 내용을 기초로 책을 쓰면서 참고한 많은 학자, 기자분들께도 심심한 감사를 드린다.

초고를 보고 조언을 해주신 분들이 많다. KBS 공영미디어연구소의 최선욱 박사, 이태경 PD, 최용수 팀장의 리뷰는 필자가 놓친 부분을 보완해 주었다. 항상 필자의 연구를 응원하고 도움을 주시는 코바코(한국방송광고진흥공사)의 정두남 박사와 몽작소 이용석 박사의 조언도 이 책의 완성도를 높이는 데 많은 기여를 했다. 모든 분들께 감사드린다.

출판사를 정하면서도 여러 곡절이 있었으나, 그동안의 인연을 이어 이번에도 한울엠플러스(주)에서 맡아주었다. 정말 인연은 따로 있는 것 같다. 이 책을 비롯해 필자의 책 6권 중 4권을 맡아 열심히 도와주신 한울엠플러스(주)의 김종수 사장님과 윤순현 차장님께 무한한 감사의 말씀을 전한다. 또한 이 책의 편집을 맡아 부족한 부분을 성심성의껏 다듬어준 편집부에도 감사드린다.

책을 탈고하고 항상 고민스러운 부분이 추천사이다. 다들 바쁘신 분들인 데다 졸고에 대해 글을 부탁하는 것은 쑥스러운 일이다. 그럼에도 용기 내어 추천사 이야기를 꺼냈을 때, 흔쾌히 수락하고 멋진 글을 써주신 정길화 한국국제문화교류진흥원장님과 하주용 한국방송학회장님께 진심으로 감사드린다.

2021년 상반기는 무척 바쁜 시기였다. 연구소장임에도 기존에 하던 연속 연구를 두 건이나 완료했다. 하나는 「2020 국내 드라마 현황 및 분석」이고, 다른 하나는 「2021년 주요 OTT 이용행태 분석」이었다. 그렇다 보니 밤과 주말을 이용하여 저술 작업을 해야 했다. 가족과 같이할 시간이 절대적으로 부족했던 것이 사실이다. 가족에게 미안하기 그지없고, 작업할 수 있도록 배려해 준 사랑하는 아내 주은경과 코로나 시기에 대학 생활을 시작하여 열심히 공부하고 있는 사랑하는 딸 혜민에게도 감사한다.

강소현. 2021. "K-콘텐츠로 성공한 넷플릭스 … 힘 못 쓰고 안방 내준 국내 OTT". ≪머니S≫. 2021.1.13. https://moneys.mt.co.kr/news/mwView.php?no=2021011107588096001

_____. 2021. "티빙의 무서운 성장세 … 양지을 공동대표 'K-콘텐츠가 무기'." ≪머니S≫, 2021.7.12. https://moneys.mt.co.kr/news/mwView.php?no=2021070914318098432

강영운. 2021. "넷플릭스, 파주·연천에 첫 촬영스튜디오 마련". ≪매일경제≫, 2021.1.7. ttps://www.mk.co.kr/news/culture/view/2021/01/21539/

강일용. 2017. "글로벌 OTT의 성패, 자막 품질이 좌우한다". ≪IT 동아≫, 2017.5.24. ttps://it.donga.com/26445/

고정민. 2021. "선진국으로 가는 마지막 조건: 문화". ≪월간 중앙≫, 2021년 2월 호. https://jmagazine.joins.com/monthly/view/332671

구본권. 2010. "ODM, OEM". ≪한겨레≫, 2010.3.21. https://www.hani.co.kr/arti/economy/economy_general/411379.html

권성민. 2021. "한국 예능, 독보적이거나 고립적이거나". 『코로나19 이후의 한류』. 한국국제문화교류진흥원.

기엔, 마우로(Mauro F. Guillen). 2020. 『축의 전환 2030』. 우진하 옮김. 리더스북.

김가영. 2021. "달라진 드라마 패턴 … 방송가는 왜 시즌제에 빠졌나". ≪이데일리≫. 2021.5.26. https://www.edaily.co.kr/news/read?newsId=01079126629052856&mediaCodeNo=258

김동욱. 2017. 「4차 산업혁명 시대에 미디어·콘텐츠 노동 환경의 변화: 넷플릭스의 '데이터 경영' 사례를 중심으로」. ≪방송과 미디어≫, 22(3).

김민선. 2018. "드라마는 몰아봐야 제맛 … 10명 중 6명 '몰아서 시청'." ≪ZDNet Korea≫, 2018.5.23. https://zdnet.co.kr/view/?no=20180523151755

김민선. 2021. "넷플릭스는 왜 지금 '30일 무료 체험'을 종료했나". ≪ZDNet Korea≫,

2021.4.8. https://zdnet.co.kr/view/?no=20210408152124

김성모. 2021. "넷플릭스, 한국에 1만 6000m² 규모 '콘텐츠 생산기지' 구축". ≪동아닷컴≫. 2021.1.7. https://www.donga.com/news/Economy/article/all/20210107/104821677/1

김세옥. 2016. 「OTT 서비스·한류·콘텐츠 제작유통에 미칠 파급 효과」. ≪방송문화≫, 2016년 3월 호.

김소연. 2021. "'스위트홈' 전 세계 2200만 가구 즐겨 … 넷플릭스 4분기 실적 보니". ≪한국경제≫, 2021.1.20. https://www.hankyung.com/entertainment/article/2021012004624

김수빈. 2019. "넷플릭스, 한국어 드라마 콘텐츠 인기 및 사업 확대". ≪KoBiz≫, 2019.6.24. https://www.kobiz.or.kr/new/kor/03_worldfilm/news/news.jsp?mode=VIEW&seq=2922

김수현. 2020. "300만 유료가입자? 넷플릭스 한(韓) 콘텐츠 7000억 투자한 진짜 이유". ≪머니투데이≫, 2020.10.22. https://news.mt.co.kr/mtview.php?no=2020102115492258352

김시균. 2018. "넷플릭스 한국 콘텐츠 제작 본격 시동". ≪매일경제≫, 2018.4.5. https://www.mk.co.kr/news/culture/view/2018/04/219081/

김영진. 2020. "영화감독, 웹툰 작가는 왜 드라마에 뛰어들었을까". ≪아시아투데이≫, 2020.2.24. http://www.asiatoday.co.kr/view.php?key=20200224010013343

김예랑. 2021. "넷플릭스, 2021년 5500억 투자 … 한(韓)오리지널 영화도 제작". ≪한국경제≫, 2021.2.25. https://www.hankyung.com/entertainment/article/202102255671H

김옥빈. 2017. "지상파 3사, 드라마 미지급 출연료 31억". ≪국제뉴스≫, 2017.10.28. http://www.gukjenews.co.kr/news/articleView.html?idxno=810231

김용재. 2020. 「새로운 시작: 영상콘텐츠 산업에서 기획·원천 IP의 중요성」. ≪콘텐츠 산업포럼≫, 2020.9.22.

김윤지. 2021. "OTT 산업과 K콘텐츠 수출: K드라마·K무비를 중심으로". 『K 뉴딜산업 INSIGHT 보고서 -1』. 한국수출입은행, 2021.4.5.

김재후. 2020. "헤이스팅스 넷플릭스 CEO '한국 콘텐츠 투자 지속 … 신(新)한류 전도사 되겠다'". ≪한국경제≫, 2020.9.13. https://www.hankyung.com/it/article/2020091346241

김정환·김성철. 2014. 「OTT 사업전략에 관한 연구」. ≪Telecommunications Review≫, 24(5).

김종효. 2021. "Z세대에게 내 유튜브 어필하려면? '섬네일을 공략하라'". ≪팩트경제신
문≫, 2021.7.13. http://www.facten.co.kr/news/articleView.html?idxno=
202753

김평화. 2021. "SKB-넷플릭스, 망 이용대가 3차 논쟁 불붙었다". ≪IT조선≫, 2021.5.1.
http://it.chosun.com/site/data/html_dir/2021/05/01/2021050100323.html

김현아. 2017. "넷플릭스, '정주행 시청자(24시간 안에 시청완료)' 20배로 껑충". ≪이데일리≫,
2017.10.17. https://www.edaily.co.kr/news/read?newsId=04100006616093904
&mediaCodeNo=257

김혜인. 2021. "드라마 제작사 스탭 계약서 하나하나 따져보니 모두 '위법'". ≪미디어
스≫, 2021.6.22. http://m.mediaus.co.kr/news/articleView.html?idxno=
217272

김회재. 2019. 「포스트넷플릭스, 한국드라마의 전망과 전략」. ≪방송문화≫, 2019년
3월 호.

김희경. 2019. "넷플릭스, 한국 공습 확대 … 드라마까지 자체 제작". ≪한국경제≫, 2019.
1.22. https://www.hankyung.com/entertainment/article/2019012165631

_____. 2021. "'K 드라마 제작 노하우'로 미드 만든다". ≪한국경제≫, 2021.6.2.
https://www.hankyung.com/life/article/2021060129771

김희재·정정주. 2020. 「넷플릭스 이용동기와 행태에 관한 의미망 연구」. ≪언론과학
연구≫, 20(2).

끓는 물안의 개구리. 2020. "넷플릭스는 왜 한국 드라마를 계속 사들일까?" brunch,
2020.7.1. https://brunch.co.kr/@coolip73/11

남종훈. 2019. 「정보기술수용모형(TAM)을 적용한 모바일 동영상 앱의 지속적 이용 의
도 연구」. ≪한국디지털콘텐츠학회 논문지≫, 20(8).

넷플릭스 서울 사무소. 2021. "넷플릭스에 묻다: 넷플릭스와의 1문 1답". ≪월간 방송작가≫,
2021년 4월 호. https://www.ktrwa.or.kr/web/webzine/webzineSubDetail.do

넷플릭스. 2020. "학원물 애니메이션의 걸작, 예술과 테크놀러지를 결합한 4K 단편
〈솔 레반테〉 공개". 2020.4.2. https://about.netflix.com/ko/news/4-k-short-sol-
levante-combines-art-and-technology-to-deliver-best-in-class-anime

넷플릭스. 2021. "넷플릭스, 소니 픽처스 엔터테인먼트와 장편영화 미국 내 스트리밍
독점 라이선스 계약 체결". 2021.4.8. https://about.netflix.com/ko/news/netflix-
and-sony-pictures-entertainment-sign-pay-one-u-s-licensing-deal-for

노가영·조형석·김정현. 2020. 『콘텐츠가 전부다: '콘텐츠 온리'의 시대, 콘텐츠를 가진
자가 세상을 가진다』. 미래의창.

노창희·이찬구·성지연·이수연. 2018. 「방송프로그램 표준제작비 조사연구」. 방송통신위원회, 방송융합정책연구: KCC-2018-4890.

딜로이트. 2021.9. 「넷플릭스 코리아의 사회 경제적 임팩트 보고서」.

라제기. 2021. "넷플릭스 천하가 흔들린다". ≪한국일보≫, 2021.6.26. https://www.hankookilbo.com/News/Read/A2021062513440002754?did=NA

로바토, 라몬(Ramon Lobato). 2020. 『넷플릭스 세계화의 비밀: 넷플릭스식 OTT 플랫폼의 원리』. 안세라 옮김. 유엑스리뷰.

로슬링, 한스(Hans Rosling)·올라 로슬링(Ola Rosling)·안나 로슬링 뢴룬드(Anna Rosling Rönnlund). 2019. 『팩트풀니스』. 이창신 옮김. 김영사.

맥도널드, 케빈(Kevin McDonald)·다니엘 스미스-로우지(Daniel Smith-Rowsey). 2020. 『넷플릭스 효과』. 유건식 옮김. 한울엠플러스.

문다영·김승인. 2019. 「K-콘텐츠 발전 전략 연구: 넷플릭스와 왓챠플레이를 중심으로」. ≪디지털융복합연구≫, 17(2).

문성길. 2017. 『넷플릭스하다』. 스리체어스.

민병준·고제경·송재용. 2020. 「넷플릭스의 경쟁 전략: 네트워크 효과, 콘텐츠 재판매, 오리지널 콘텐츠의 전략적 조합」. ≪전략경영연구≫, 23(2).

바커, 코리(Cory Barker)·마이크 비아트로스키(Myc Wiatrowski). 『넷플릭스의 시대: 시간과 공간, 라이프스타일을 뛰어넘는 즐거운 중독』. 임종수 옮김. 팬덤북스.

박동제. 2018. "넷플릭스 리드 헤이스팅스·테드 서랜도스, "한국 시장 적극적 투자할 것". ≪Break News≫, 2018.11.9. https://m.breaknews.com/613080

박성우. 2015. "넷플릭스, 2016년 한국 진출 공식화 … 한(韓) 파트너 선정 협상중". ≪조선비즈≫, 2015.9.9. https://biz.chosun.com/site/data/html_dir/2015/09/09/2015090901975.html

박수형. 2017. "넷플릭스·JTBC, 글로벌 방영권 계약 체결". ≪ZDNet Korea≫, 2017.4.25. https://zdnet.co.kr/view/?no=20170425131648&re=R_201812191633460

박재환. 2020. "윤신애 대표 '인간수업은 넷플릭스에 맞는 콘텐츠였다'". 박재환 영화리뷰, 2020.5.15. https://www.kinocine.com/3657

박정훈. 2019. "넷플릭스는 '연간 23조원' 일본 애니업계를 어떻게 집어삼키고 있나". ≪이코노믹리뷰≫, 2019.6.5. https://www.econovill.com/news/articleView.html?idxno=364690

박종오. 2021. "세계 1위 먹은 드라마 '스위트홈' … 제작사 마진은 '글쎄'". ≪이데일리≫, 2021.2.14. https://www.edaily.co.kr/news/read?newsId=02046726628950520&mediaCode No=257

박지성. 2021a. "디즈니플러스 망 이용료 간접납부 … OTT 새 협상 모델 주목". 《전자신문》, 2021.7.11. https://www.etnews.com/20210709000130?mc=nl_001_00001& mi=616208

_____. 2021b. "버티는 넷플릭스…SKB "망 사용료 내라"". 《전자신문》. 2021.9.30. https://www.etnews.com/20210930000194?mc=nl_001_00001&mi=616208

박창영. 2019. "CJ ENM·스튜디오드래곤, 넷플릭스와 콘텐츠 동맹". 《매일경제》, 2019.11.21. https://www.mk.co.kr/news/culture/view/2019/11/971161/

박희봉·이해수·한동섭. 2020. 「넷플릭스(Netflix)의 지각된 서비스 속성이 지속 이용의도에 미치는 영향: 서비스 융합에 따른 핵심 가치사슬 변인 검증을 중심으로」. 《사이버커뮤니케이션학보》, 37(1).

방송통신위원회. 2020. 「2020년도 방송시장 경쟁상황 평가」.

배병환. 2018. 『Net Term: OTT(Over The Top) 서비스』. 인터넷진흥원.

백솔미. 2018. "한국판 좀비물 '킹덤' … 넷플릭스의 안방 습격 사건". 《동아닷컴》, 2018. 11.9. https://www.donga.com/news/Entertainment/article/all/20181108/92795600/4

서청석. 2020. "넷플릭스, 한(韓) 투자 8000억 … 별도 법인 설립". 서울경제TV, 2020. 11.30. https://www.sentv.co.kr/news/view/583818

서하나. 2020. "네이버, 넷플릭스 제치고 스튜디오드래곤 2대 주주 등극". 《the bell》, 2020.10.27. https://www.thebell.co.kr/free/content/ArticleView.asp?key=2020102617331 54600109183&lcode=00

송군. 2017. "넷플릭스 워크플로우를 기반으로 한 한국형 4K 디지털 워크플로우". 송군의 영상 그리고 색에 관한 이야기, 2017.8.11. https://m.blog.naver.com/PostView.naver? isHttpsRedirect=true&blogId=pinpim&logNo=221071499828

송민정. 2020. 「포스트 코로나 시대 미디어의 미래 변화: 디지털변혁 성공요소로 본 넷플릭스와 디즈니 플러스의 대응 연구」. 『한국방송학회 2020 봄철 정기학술대회 논문집』, 2020.6.

스튜디오 IR자료. 2019.11.21. http://dart.fss.or.kr/dsaf001/main.do?rcpNo=20191121900463

신선경·박주연. 2020. 「글로벌 OTT 서비스 넷플릭스(Netflix) 이용자의 만족과 불만족에 영향을 미치는 요인 연구」. 《사이버커뮤니케이션학보》, 37(3).

엘버스, 애니타(Anita Elberse). 2014. 『블록버스터 법칙; 슈퍼스타 탄생과 엔터테인먼트 산업의 성공비결』. 이종인 옮김. 세종서적.

양승희. 2020. "유튜브와 넷플릭스는 어떻게 '문화다양성'을 떨어뜨리나". 《이로운넷》,

2020.5.22. https://www.eroun.net/news/articleView.html?idxno=11935

오수진. 2018. "넷플릭스 '한국 콘텐츠 팬층 세계 확장이 우리 역할'". 연합뉴스, 2018.1.25. https://www.yna.co.kr/view/AKR20180125156800033

오이쿤·조재희. 2017. 「넷플릭스(Netflix) 이용자의 지속적 이용의도의 결정 요인에 관한 연구: 한국과 대만의 이용자에 대한 국가 간 비교분석」. ≪한국언론학보≫, 61(5).

와이즈앱와이즈리테일. 2021. "넷플릭스, 2020년 연간 결제금액 5,173억 원 추정". 2021.1.19. https://m.post.naver.com/viewer/postView.nhn?volumeNo= 30504464&memberNo=32291422

유건식. 2013. 『미드와 한드 무엇이 다른가』. 한울엠플러스.

_____. 2019. 『넷플릭소노믹스』. 한울엠플러스.

_____. 2021. "넷플릭스 패소 판결, 망중립성 해석에서 갈렸다". ≪PD저널≫, 2021. 6.28.

유남규·김성훈. 2020. 「인터랙티브 영상의 상호작용성이 관객 경험에 미치는 영향」. ≪한국디자인문화학회지≫, 26(2).

유승목. 2021. "'콘텐츠는 일류, 시장은 삼류' … CJ ENM 대표 작심비판, 왜?" ≪머니투데이≫, 2021.6.1. https://news.mt.co.kr/mtview.php?no=2021060113382661123

유재혁. 2020. "#살아 있다, 넷플릭스 전 세계 영화순위 1위 올라". ≪한국경제≫, 2020.9.11. https://www.hankyung.com/life/article/202009110807i

유지훈·박주연. 2018. 「글로벌 OTT 서비스 이용자의 지속적 이용 의도에 미치는 요인 연구: 넷플릭스 사례를 중심으로」. ≪방송통신연구≫, 2018.4.

윤여수. 2021. "'넷플릭스 오리지널작, 제작 수수료 하락 우려". ≪스포츠동아≫, 2021.10.13. https://sports.donga.com/article/all/20211012/109673649/3

이건혁. 2021. "한국인 작년 넷플릭스에 5000억 원 넘게 지불". ≪동아닷컴≫, 2021.1.20. https://www.donga.com/news/Economy/article/all/20210119/105000568/1

이경진. 2016. "넷플릭스, 한류콘텐츠 세계에 뿌린다". ≪매일경제≫, 2016.6.30. https://www.mk.co.kr/news/business/view/2016/06/470695/

이문원. 2019. "넷플릭스가 가져온 콘텐츠 시장의 변화". ≪스포츠월드≫, 2019.3.10. http://www.sportsworldi.com/newsView/20190310505577

이미나. 2019. "'공룡' 넷플릭스 올라타는 지상파, 신작 공급 추진". ≪PD저널≫, 2019.4.19. https://www.pdjournal.com/news/articleView.html?idxno=63061

이미영. 2020. "'구독경제 창시자' 티엔 추오 주오라 CEO". ≪DBR≫, 2020년 7월 Issue 2. https://dbr.donga.com/article/view/1203/article_no/9686/is_free/Y

이민아. 2019a. "'SKY 캐슬', '킹덤'이 상징하는 드라마 산업의 진화: 韓 드라마 콘텐츠 제작·유통·소비, 모두 달라졌다". ≪Economy Chosun≫ 통권 287호.

_____. 2019b. "SKY 캐슬 제작사 'HB엔터테인먼트' 문보미 대표". ≪Economy Chosun≫, 통권 287호.

_____. 2019c. "김민영 넷플릭스 한국 콘텐츠 총괄 디렉터가 밝힌 한국 시장 전략". ≪Economy Chosun≫, 통권 287호.

_____. 2019d. "킹덤 제작사 '에이스토리' 이상백 대표". ≪Economy Chosun≫, 통권 287호.

이민정. 2019. "넷플릭스가 밝힌 드라마 '킹덤'의 성공 요인". ≪중앙일보≫, 2019.3.20. https://news.joins.com/article/23415822

이상원. 2010. 『디지털 트랜스포메이션과 동영상 OTT 산업 전략과 정책 방향 모색』. 한울엠플러스.

이성민. 2020. "우려와 기대 사이, 영상 미디어 콘텐츠 산업 재편과 정책 방향의 모색". 2020년 제5회 방송영상 리더스 포럼. 2020.10.16.

이영대. 2020. "협상장에서 만난 넷플릭스". 리더스포럼, 2020.12.28.

이우용. 2019. "넷플릭스 콘텐츠 품질 높인다, 모든 콘텐츠를 HDR로 제작". ≪KBench≫, 2019.11.20. https://kbench.com/?q=node/205034

이유미. 2020. "넷플릭스발(發) 흔들리는 국내 미디어 생태계". ≪비즈니스워치≫, 2020.8.4. http://news.bizwatch.co.kr/article/mobile/2020/08/04/0014

이윤수. 2013. "드라마 '몰아보기'에 담긴 변화의 메시지". ≪ZDNet Korea≫, 2013.12.19.

이은주. 2017. 「넷플릭스 오리지널 콘텐츠의 성장과 한국 방송 콘텐츠 시장 변화」. ≪방송문화≫, 2017년 9월 호.

이정현. 2019. "CJ ENM 이어 JTBC도 넷플릭스 협업 과시 … '드라마 공급계약'". 연합뉴스, 2019.11.25. https://www.yna.co.kr/view/AKR20191125022200005

이해리. 2020. "'부산행' 연상호도 '안방행' … TV로 무대 옮기는 영화감독들 왜?' ≪일요신문≫, 2020.2.20. http://ilyo.co.kr/?ac=article_view&entry_id=362168

이현지. 2020. 「How Me the Media: 드라마 제작사에게 주어지는 합격 목걸이」. 유진투자증권, 2020.10.14. https://www.eugenefn.com/common/files/amail//20201014_B2560_hjlee1_1.pdf

이혜훈. 2021. "넷플릭스 28국 1위라는데 … 평점은 왜 6점대지?" ≪조선일보≫, 2021.2.18. https://www.chosun.com/culture-life/culture_general/2021/02/18/53FUSQGRI5DP5FCCOLJE4TCWH4/

이호수. 2021. "넷플릭스의 한국 상륙, 그 이후". 『코로나19 이후의 한류』. 한국국제문화교류진흥원.

임수연. 2020. "논란의 드라마 〈인간수업〉의 모든 것". ≪씨네21≫, 2020.5.12. http://www.cine21.com/news/view/?mag_id=95361

장우정(2021). "Interview 넷플릭스 흥행 신화 '오징어 게임' 황동혁 감독". ≪이코노미조선≫. 통권 415호, 2021.10.13. http://economychosun.com/query/upload/415/economychosun415.pdf

정미형. 2019. "CJ ENM, 스튜디오드래곤 지분 매각 완료". ≪the bell≫, 2019.12.6. https://www.thebell.co.kr/free/content/ArticleView.asp?key=201912051608216760106674&lcode=00

정용국·장위. 2020. 「구독형 OTT 서비스 특성이 이용자 만족과 지속 사용 의도에 미치는 영향: 넷플릭스 이용자를 대상으로」. ≪한국콘텐츠학회논문지≫, 20(12).

정유림. 2021. "넷플릭스 국내 유료 구독 가구 380만 … 올해 한국 콘텐츠에 5500억 투자". ≪디지털투데이≫, 2021.2.25. https://www.digitaltoday.co.kr/news/articleView.html?idxno=264856

정유진. 2020. "왜 영화감독들은 드라마에 도전할까". 뉴스1, 2020.11.29. https://www.news1.kr/articles/?4132540

정윤경. 2014. 「N스크린 시대 온라인 비디오 콘텐츠 유통 비즈니스 모델 비교를 위한 넷플릭스(Netflix)와 훌루(Hulu) 연구」. ≪한국콘텐츠학회논문지≫, 14(5).

정인숙·김숙·김영은. 2020. 「온라인 영화 시장 변화 및 산업 전망 분석 조사」. 영화진흥위원회, KOFIC 연구 2020-12.

정혜진. 2021. "넷플릭스 시청자 1,000만 시대 … 토종 OTT는 제자리걸음 왜". ≪서울경제≫, 2021.3.15. https://www.sedaily.com/NewsView/22JTHZ73YE

진민경. 2021. "국세청, '역외탈세' 의혹 휩싸인 넷플릭스 조세범칙조사 전환". ≪조세금융신문≫, 2021.3.26. https://www.tfmedia.co.kr/news/article.html?no=102107

채새롬. 2021. "국내 OTT 시장 넷플릭스가 독주 … 월 사용자수 1천만 돌파". 연합뉴스, 2021.3.15. https://www.yna.co.kr/view/AKR20210315046100017

천혜선. 2019. "OTT, 콘텐츠 산업 성장의 기회인가 위기인가". OTT 등장에 따른 국내 콘텐츠 산업 진단 및 정책 방안 토론회, 2019.9.18.

최선영·고은지. 2018. 「넷플릭스 미디어 구조와 이용자 경험: 행동경제학 관점에서 본 이용자와의 관계 맺기」. ≪방송문화연구≫, 30(1).

최세경. 2019. 「방송법 전부개정안의 함의와 전망」. ≪KISO저널≫, 제36호.

최혜선·김승인. 2020. "국내외 OTT서비스의 사용자 경험 연구: 넷플릭스와 왓챠, 웨이브를 중심으로". ≪디지털융복합연구≫, 18(4).

추오, 티엔(Tien Tzuo). 2019. 『구독과 좋아요의 경제학』. 박선령 옮김. 부키.

키팅, 지나(Gina Keating), 2015. 『넷플릭스, 스타트업의 전설』. 박종근 옮김. 한빛비즈.

한광범. 2019. "창작의 자유·글로벌 동시 공개 … 창작자들이 본 넷플릭스 강점". ≪이데일리≫, 2019.9.6. https://www.edaily.co.kr/news/read?newsId=02850326622617496&mediaCode No=257

한국마케팅연구원. 2020. "넷플릭스의 새로운 마케팅 시도". ≪마케팅≫, 53(5).

한국방송통신전파진흥원. 2019. 「해외 시장 확보를 위한 Netflix의 국가별 콘텐츠 공급 전략」. ≪2019 KCA Media Issue & Trend≫, 2019년 7월 호.

한국콘텐츠진흥원. 2014. 「방송콘텐츠 해외유통 지원방안 연구: 국제견본시를 중심으로」.

_____. 2020. 「2020 방송 프로그램 외주제작 거래 실태 보고서」.

한순상·유홍식·신동희. 2017. 「수용자의 몰아보기 이용 동기와 지속적 이용 의도에 영향을 미치는 영향 요인에 대한 연구」. ≪한국콘텐츠학회논문지≫, 17(2).

한영주. 2018. 「넷플릭스가 변화시킨 국내 방송 산업의 지형도: 글로벌 플랫폼에 대한 위기와 기회, 그리고 대처방안」. ≪방송문화≫, 2018년 9월 호.

한정희·조옥주. 2014. 「비즈니스 모델 혁신의 성공 및 실패 사례 연구: 조이큐브와 넷플릭스 중심으로」. ≪한국IT서비스학회지≫, 13(1).

함영훈. 2018. "'미스터 션샤인' 인니, 영국, 브라질서 강한 반향". ≪헤럴드경제≫, 2018.11.9. heraldk.com/2018/11/09/미스터-션샤인-인니-영국-브라질서-강한-반향/

허인회. 2021. "넷플릭스 바람 타고 백범의 꿈 이룰 수 있을까". ≪월간방송작가≫, 4월 호. https://www.ktrwa.or.kr/web/webzine/webzineSubDetail.do

헤이스팅스, 리드(Reed Hastings)·에린 마이어(Erin Meyer). 2020. 『규칙 없음: 넷플릭스, 지구상 가장 빠르고 유연한 기업의 비밀』. 이경남 옮김. 알에이치코리아.

현혜선. 2020. "'스위트홈', 11개국 1위·미(美) 차트 최초 진입 … 기록 경신ing". ≪스포츠투데이≫, 2020.12.22. http://stoo.asiae.co.kr/article.php?aid=69398676707

AquaStella, 2020. "넷플릭스의 투자로 최초로 만들 수 있었던 4K HDR 일본 애니메이션". 루리웹, 2020.4.11. https://bbs.ruliweb.com/community/board/300143/read/46716384

Foundry. 2017. "전 세계적으로 제작 표준이 되어가고 있는 Netflix의 4K 제작 워크플로우". 2017.7.3. http://www.foundrykorea.com/articles/netflix_4k_post_

production_34.html

YTN. 2014. "일본 지상파 방송에서 한국 드라마 사라진다." 2014.3.13. https://www. ytn.co.kr/_ln/0104_201403131217482897

Adalian, Josef. 2018. "Inside the Binge Factory." *Vulture*, 2018.6.10.

Austin Carr. 2011. "Hulu Courts Buyers, While Netflix Streaming Surges." *Fastcompany*, 2011.7.7. https://www.fastcompany.com/1765434/hulu-courts-buyers-while-netflix-streaming-surges

Cook, Sam. 2021. "50+ Netflix statistics & facts that define the company's dominance in 2021." *Comparitech*, 2021.5.18. https://www.comparitech.com/blog/vpn-privacy/netflix-statistics-facts-figures/

Dziadul, Chris. 2021.7.1. "Netflix takes lead in European scripted content." *Broadbandtv News*. https://www.broadbandtvnews.com/2021/07/01/netflix-takes-lead-in-european-scripted-content/

Jin, Dal Yong. 2021. *Artificial Intelligence In Cultural Production*. Routledge.

Giardina, Crolyn and Honathan Handel. 2020.4.3. "Directors Guild Ratifies Three-Year AMPTP Agreement." The HOllywood Reporter. https://www. hollywoodreporter.com/news/general-news/directors-guild-ratifies-three-year-amptp-agreement-1288395/

Griffith, Eric. 2020. "As Netflix Originals Increase, Overall Content Is Reduced." *PCMag*, 2020.2.18. https://www.pcmag.com/news/as-netflix-originals-increase-overall-content-is-reduced

House of Commons. 2021.3.17. "The future of public service broadcasting: Sixth Report of Session 2019-21".

Katz, Brandon. 2020. "The Most Popular Netflix Original TV Shows of 2020." *Observer*, 2020.12.9. https://observer.com/2020/12/netflix-most-watched-tv-shows-2020-originals-ratings-viewership-umbrella-academy-tiger-king-queens-gambit/

Keslassy, Elsa. 2021. "Netflix, Amazon Must Invest 20-25% of French Revenues in Local Content, France Government Decrees." *Variety*, 2021.6.30. https://variety.com/2021/streaming/global/avms-france-netflix-new-rules-streamers-1235008364/

Marrone, Nico. 2021.7.8. "SAG President Slams Disney Over Black Widow Lawsuit

Response." ScreenRant. https://screenrant.com/black-widow-lawsuit-sag-response-disney/

Martin, Vince. 2018. "Questions Persist on Netflix's Content Strategy After Q2 Subscriber Miss." *Investor Place*, 2018.7.26.

Netflix. 2020. "Fellow shareholders." 2020.4.21. https://s22.q4cdn.com/959853165/files/doc_financials/2021/q1/FINAL-Q1-21-Shareholder-Letter.pdf

_____. 2021a. "Fellow shareholders." 2021.1.19. https://s22.q4cdn.com/959853165/files/doc_financials/2020/q4/FINAL-Q420-Shareholder-Letter.pdf

_____. 2021b. Lina Brouneus. "A New Netflix Home in the Nordics." 2021.4.28. https://about.netflix.com/en/news/a-new-netflix-home-in-the-nordics

Ng, David. 2018. "As Netflix surges, original content is the new black. But licensed shows still take the crown." *Los Angeles Times*, 2018.8.12. https://www.latimes.com/business/hollywood/la-fi-ct-netflix-programming-surge-20180812-story.html

Palotta, Frank. 2021. "Squid Game is Netflix's 'biggest ever' series launch." CNN, 2021.10.13. https://edition.cnn.com/2021/10/12/media/squid-game-netflix-viewership/index.html?fbclid=IwAR1AvLi2t2OU21knn9a2Ktw2zHWwKEcvgd zFEkGUtdv5yWa5GvJhkCs7z8Q

Patten, Dominic. 2021a. "'Barry' Producer Jason Kim & Scooter Braun's SB Projects Team Up With Rapper Tablo For K-Pop Comedy Series 'Neon Machine' At Amazon", DEADLINE, 2021.5.28. https://deadline.com/2021/05/tablo-jason-kim-scooter-braun-sb-projects-amazon-neon-machine-1234766159/

_____. 2021b. "Netflix Hit With $5M Suit Over "Sexism" Of 'Queen's Gambit' Line About Soviet Chess Legend." DEADLINE, 2021.9.16.

Pensworth, Luke. 2020. "Netflix Map Reveals the Most Popular Original TV Series Worldwide." *DailyWireless*, 2020.3.7. https://dailywireless.org/tv/popular-netflix-original-tv-series/

Sandford, J. 2015. "The Impact of Subtitle Display Rate on Enjoyment Under Normal Television Viewing Conditions", *BBC Research White Paper WHP 306*, p.4.

Shaw, Lucas. 2021a. "Hollywood is Disguising the Results of Its TV Shows and Movies." *Bloomberg*, 2021.6.28. https://www.bloomberg.com/news/newsletters/2021-06-27/hollywood-is-disguising-the-results-of-its-tv-shows-and-movies

_____. 2021b. "Netflix Is Losing Market Share. But Is It Losing Customers?" Bloomberg, 2021.4.19. https://www.bloomberg.com/news/newsletters/2021-04-18/netflix-is-losing-market-share-but-is-it-losing-customers

The Knowledge. 2020.5.5. "Ted Sarandos on how Netflix is filming." https://www.theknowledgeonline.com/the-knowledge-bulletin/post/2020/05/05/ted-sarandos-on-how-netflix-is-filming

Viswanath, Kaushik. 2020. "How Netflix Exported Its Unusual Corporate Culture Across the Globe", Maker, 2020.12.17. https://marker.medium.com/how-netflix-exported-its-unusual-corporate-culture-across-the-globe-a2281784c904

Vlessing, Etan. 2021. "Ted Sarandos Sees Film, TV Consumption Returning to 'Normal' as Pandemic Restrictions Lift." The Hollywood Reporter, 2021.6.14. https://www.hollywoodreporter.com/tv/tv-news/ted-sarandos-sees-film-tv-consumption-returning-to-normal-as-pandemic-restrictions-lift-1234967577/

Wataru Suzuki & Hiromi Sato. 2020. "Netflix to ramp up original content in Asia." Nikkei Asia, 2020.11.11. https://asia.nikkei.com/Business/Business-trends/Netflix-to-ramp-up-original-content-in-Asia

White, Peter. 2021. "CAA Sells Majority Stake In Wiip To Korean Studio JTBC." 2021.6.1. https://deadline.com/2021/06/caa-sells-majority-stake-wiip-korean-studio-JTBC-1234767146/

WGA(2020). Schedule of minimums: 2020 Theartrical and Television Basic Agreement. https://www.wga.org/uploadedFiles/contracts/min20.pdf

Wildman, Sam. 2013. "An Open Letter to Netflix RE: Subtitles." Nerdophiles, 2013.8.13. https://www.nerdophiles.com/2013/08/13/an-open-letter-to-netflix-re-subtitles/

Wilso, John. 2020. "I May Destroy You's Michaela Coel Rejected Netflix's $1 Million Offer In Favor Of The BBC Because Of Ownership." Forbes, 2020.7.7.

찾아보기

인명

지은이

/

유 건 식

KBS 아메리카 대표(2015~2017)로 있으면서 한국 드라마 역사상 최초로 〈굿닥터〉를 미국 ABC의 2017/2018 시즌으로 리메이크시켰다. 미국판 〈굿닥터〉는 시즌5가 2021년 9월부터 방영 중이다. 2007년 KBS BM 1호로 선발되어 〈성균관 스캔들〉(2010) 등을 프로듀싱했으며, 〈학교2013〉을 공동 제작했다. 2017년 다큐 〈끝나지 않은 6일, 429〉를 기획·제작하여 해외한국어방송인대회에서 대상을 수상했다.

2011년 UCLA 익스텐션(Extension)에서 '프로듀싱'과 '엔터테인먼트 매니지먼트' 자격을 취득했고, 2015년 광운대학교에서 언론학 박사학위를 받았다.

저서로 『미드와 한드, 무엇이 다른가』(2013, 2014년 세종도서 학술부문 수상), 『한국 방송 콘텐츠의 미래를 열다』(2018), 『넷플릭소노믹스』(2019, 2019년 방송학회 저술상), 『미디어 구독모델』(2021)이 있으며, 번역서로 『넷플릭스 효과』(2020)가 있다.

제46대 한국언론학회 이사를 지냈으며, 현재 KBS 공영미디어연구소 연구소장으로 재직 중이다. 건국대학교 언론홍보대학원 겸임교수, 문화체육관광부 방송영상 리더스포럼 위원, 언론진흥재단 미디어 미래포럼 위원을 역임하고 있다.

한울아카데미 2336

방송문화진흥총서 217

넷플릭스
한국 드라마 시장을 바꾸다

ⓒ 유건식, 2021

지은이 유건식
펴낸이 김종수
펴낸곳 한울엠플러스(주)
편집책임 최진희

초판 1쇄 인쇄 2021년 11월 5일
초판 1쇄 발행 2021년 11월 15일

주소 10881 경기도 파주시 광인사길 153 한울시소빌딩 3층
전화 031-955-0655
팩스 031-955-0656
홈페이지 www.hanulmplus.kr
등록번호 제406-2015-000143호

Printed in Korea.
ISBN 978-89-460-7336-4 93070

* 책값은 겉표지에 표시되어 있습니다.